読書という荒野

見城 徹

幻冬舎文庫

読書という荒野

はじめに　読書とは「何が書かれているか」ではなく「自分がどう感じるか」だ

人間と動物を分けるものは何か。それは「言葉を持っている」という点に尽きる。人間は言葉で思考する。言葉を使って自らの生や死について考え、相手に想いを伝える。人を説得し、交渉し、関係を切り結ぶ。そして人生を前に進めていく。

一方、動物は言葉を持たない。本能に従って餌を食べ、交尾をし、死んでいく。彼らは生や死について考えることもない代わりに、他者と心が通じ合う喜びも感じない。

言葉を持たない人間は、たとえ人の形をしていても、動物と何ら変わりはないと僕は考える。赤ん坊は言葉を持たない。だから赤ん坊には人生や世界がない。人間を人間たらしめるのは言葉だ。では、人間としての言葉を獲得するにはどうすればいいのか。それは、「読書」をすることにほかならない。

読書を通じて、一生で経験できないことを学ぶ

本には、人間社会を理解する上でのすべてが含まれている。人間は途方もなく多様な存在

で、自分では想像もできないような考えを持つ他者がいること。ゆえに、人間同士の争いは決して消滅しないこと。すべての意思決定は、人間の感情が引き起こしていること。そのため、他者への想像力を持つことが、人生や仕事を進める上で決定的に重要なこと……。

読書で学べることに比べたら、一人の人間が一生で経験することなど高が知れている。読書をすることは、実生活では経験できない「別の世界」の経験をし、他者への想像力を磨くことを意味する。本のページをめくればめくるほど、人間の美しさや醜さ、葛藤や悩みが見えてくる。そこには、自分の人生だけでは決して味わえない、豊穣な世界が広がっている。そのなかで人は言葉を獲得していくのだ。

日本には読書をせずとも、実生活から多くを学んでいた世代もいる。たとえば僕の父親の世代だ。戦争という圧倒的に理不尽な環境下で、他者が傷つき、倒れていくのを目にしていた。こうした世代は、読書経験がなくても人間や社会に対する洞察力に長けている。

僕が生まれたときには、戦争はすでに終わっていた。しかし現実が生ぬるいものになったかというと、そうではない。高校時代から大学時代にかけて、学生運動が全盛期を迎えたのだ。

学生運動も、理不尽な経験をする場である。当初は高邁な理想を抱いて連帯していた仲間たちが、徐々に路線対立を引き起こし、互いに傷つけ合うようになっていく。いわゆる「内ゲバ」だ。

学生たちの間には「隣のこいつはスパイではないか」「今、自分たちが話していることは、敵対する陣営に漏れているのではないか」という疑心暗鬼や、いつ自分が批判の対象になるかわからない緊張感が渦巻いていた。

若松孝二監督の映画『実録・連合赤軍　あさま山荘への道程（みち）』を見れば、当時の雰囲気がよく理解できる。この映画では連合赤軍内の路線対立が先鋭化し、些細なきっかけであるメンバーが糾弾されてリンチが行われたり、メンバー同士が殺し合ったりする様子が描かれる。「全員が見ている前で、自分で自分を殴らせる」「組織への忠誠を証明するため、いちばん親しい仲間を殺させる」といった、異常としか思えないシーンも登場する。そうした状況が望ましいとは到底思えないが、一種の極限状況であることは間違いなく、戦争と同じく、人間や社会に対する深い洞察力を得ることができるだろう。

自己検証、自己嫌悪、自己否定

しかし、普通の人生は、ここまで極端なものにはなり得ない。だからこその読書なのである。

僕はかねがね「自己検証、自己嫌悪、自己否定の三つがなければ、人間は進歩しない」と言っている。自己検証とは、自分の思考や行動を客観的に見直し、修正すること。自己嫌悪とは、自意識過剰さや自己顕示欲を恥じ、自分の狡（ずる）さや狭量さ、怠惰さに苛立つこと。そして自己否定とは、自己満足を排し、成長していない自分や、自分が拠って立つ場所を否定し、新たな自分を手に入れることだ。

僕は今でも、毎日のように自己嫌悪を繰り返している。何人かで会食をしているとき、隅のほうに座っている人にあまり声をかけることができないと、帰りに車に乗った瞬間から後悔する。部下に対して心ない言葉を投げたときは、「あんなこと言わなければよかった」とくよくよする。いつも寝る前には、その日一日を振り返り、悶え苦しむ。そして、その苛立ちを振り払うかのように、トレーニングで身体（からだ）をいじめ抜いたり、経営や編集の仕事に没頭したりするのだ。

こうしたことを話すと、「見城さんは十分、地位や名誉もあるのだから、そんなに自分を追い込まなくていいのでは」と言われる。しかし現状に安住し、自己検証と自己嫌悪と自己否定を忘れるようなことがあれば、生きている価値がないとさえ思う。自分が駄目になっていく恐怖、老いていく恐怖と常に戦ってこそ、僕は僕であり続けられる。

そうした感情を味わえるのが、まさしく読書なのだ。本を読めば、自分の人生が生ぬるく感じるほど、苛酷な環境で戦う登場人物に出会える。そのなかで我が身を振り返り、きちんと自己検証、自己嫌悪、自己否定を繰り返すことができる。読書を通じ、情けない自分と向き合ってこそ、現実世界で戦う自己を確立できるのだ。

僕の人生を切り開いてきた本

この本のテーマは、読書論である。僕の人生と、その人生のなかで読んできた膨大な数の本について語ることで、一人の人間がいかにして自分の言葉を獲得し、言葉によって道を切り開いてきたかを明らかにしていく。

僕は編集者という仕事をしている。編集者の武器はただ一つ、「言葉」だけだ。言葉によって作家を口説き、心を揺さぶり、圧倒的な熱量の作品を引き出す。多くの経営者やビジネスパーソンにとっても、言葉が武器であることは変わりないだろう。正しい言葉を使えない人には、部下を率いることも、営業成績を上げることも、商談をまとめることも不可能だ。

しかし、言葉を選び取る作業はとてつもなく苦しい。どれだけ言葉を尽くしても１００％、自分の想いが伝わることはあり得ない。１００％に近づけようとするために、無限とも思えるエネルギーを使って、言葉を選択する必要がある。この作業にはいつも、胸をかきむしられる思いがする。

少しでも、相手の心情に寄り添った表現をしたい。正確な単語を使いたい。そのための武器となるのが、読書によって培われる、他者への想像力と語彙力である。

僕は、これまで数え切れないほどの本を読んできた。心を動かされた本の種類は千差万別だが、共通しているのは、僕の人生を切り開き、現実と戦う力を与えてくれた点だ。

中学時代に読んだ夏目漱石の『こゝろ』は、僕に「生きるとは何か」を考えさせた。大学時代に出会った吉本隆明の詩『転位のための十篇』からは、「どんな苛酷な場所にも飛び込んでいける」という覚悟をもらった。

編集者としては、五木寛之、石原慎太郎、渡辺淳一、宮本輝、北方謙三ら、一流の作家たちと仕事をしてきた。村上龍や林真理子、山田詠美らは、初めて作品を目にしたときから「モノが違う」と才能に気づいた。編集者の唯一の武器である「言葉」を持って彼らと正面から対峙し、時代を代表するベストセラーを作ってきた。僕の人生はすべて読書とともにあったといっても過言ではない。

左翼に傾倒しなかった人はもろい

なかでも、僕が高校から大学時代に傾倒した作家に高橋和巳がいる。高橋和巳の作品『邪宗門』『憂鬱なる党派』『我が心は石にあらず』『悲の器』などには、自分の抱いた「観念」のために極限状態に追い込まれた人間の姿がありありと映し出される。

詳細は第1章でも述べるが、『邪宗門』の主人公は、国家権力から弾圧される宗教団体の信者である。社会に対する理想像を掲げるも、それは現実社会における「善」とはまったく異なり、国家からは弾圧される。現実と戦い、苦しみ抜く主人公を見て、「お前の生き方はこれでいいのか」と問われている気がした。

読書体験を重ねた人は、必然的に一度は左翼思想に傾倒すると僕は考える。人間や社会に対する理想が純化され、現実が汚れて見えて仕方がなくなるからだ。

しかし現実は、左翼的な理想主義者には辛い世界だ。左翼的な思想だけでは世の中は動かない。多くの人が現実の壁に直面する。社会の不条理さはもちろん、理想を貫徹できない自分の弱さ、卑怯さを知ることになる。読書で純化した理想が現実に踏みにじられ、破壊される。しかし、それが大人になるということだ。現実世界を生きるということだ。

そうした矛盾に苦しむからこそ、その先に新たな視界が開けるのである。ドイツの哲学者、ヘーゲルの言う「アウフヘーベン」のように、両極を揺れ動くからこそ、一段高いところに登ることができる。

ない。そうした人間は、人としての厚みがない。

だから僕は、読書体験を通じて、左翼的な理想主義に一度も傾倒していない人を信用できない。そうした人間は、人としての厚みがない。

特に経営者はそうだ。左翼的な理想主義とはつまり、世の中の矛盾や差別に対してアクションを起こそうとする姿勢だ。「この間違った世界を変えなくては生きていかれない」というピュアな感情は、それが実業の世界に入ったときに、イノベーションを起こす源泉になる。

左翼でなくてもいい。そうした思索を経ずに、金銭的に成功した経営者は、言葉に重みがない。だから、その企業が掲げている「ビジョン」にも深みがない。一時のブームに乗って成功しても、環境が変化した瞬間に衰えていく。

先日会食した某企業の社長も、会話の内容からまったく本を読んできていないことがわかった。彼は一時期、独創的な広告戦略で自社の商品のブームを起こした。しかし、読書によって鍛えられた正確な言葉で考え抜かれていない広告戦略を旧態依然と繰り返した結果、いまや苦境に喘いでいる。当たったのはたまただったのだ。

正確な言葉で考え抜かないと自己検証はできない。消費者の動きを言葉で捉え切れないのだ。だから、一、二度の成功体験にしがみつくことになる。

これがもし、豊富な読書体験を経ているのならば、自己検証、自己嫌悪、自己否定を通じて、何度も自分のビジネスを問い直しているはずである。それがないと、一時の成功がもろい基盤の上に立ったものであることを理解できず、過去の成功パターンが通じなくなったときに苦しむことになる。

もちろん、現実から深い洞察を得ている経営者もいる。GMOインターネットグループ代表の熊谷正寿や、ネクシィーズグループ代表の近藤太香巳などがそうだ。彼らは高校中退という点で共通しており、学歴がないぶん、現実世界において理不尽や矛盾を飲み込んできた。そこで獲得した嗅覚と人間力でビジネスの世界を渡り歩いている。

しかし、誰もが彼らのような苛酷な人生を送れるものではない。だからこそ読書体験によって多様な人間、多様な人生を追体験し、人間や社会に対する洞察力を手に入れるべきなのだ。

本質的なものを読め

基本的に僕は、「この本を読め」と言うつもりはない。その時々で自然に手が伸びたものを読めばいいと考えている。

ただ、仮に本を選ぶアドバイスをするとしたら、人間や社会の本質が書かれている、古典といわれる文学や神話をおすすめしたい。

僕は若いころ『世界文学全集』を読み漁ったが、ヨーロッパの文学にはキリスト教の思想が通奏低音のように流れている。吉本隆明も『マチウ書試論』で書いているとおり、キリスト教ほど負の感情に彩られた宗教はない。そもそもの成立からして、時の権力によって迫害された一人の人間が創始し、同じく迫害されて、苦渋に満ちていた人々に広がっていった。また、キリスト教が全盛だった中世ヨーロッパは、血みどろの歴史だったと言っていい。そうした歴史的、宗教的背景から生まれた文学には、人間の暗黒面がこれ以上ない形で表現されている。

もしこれを感じたかったら、まずはヨーロッパ文学のページをめくってみよう。『三銃士』のような心躍る話でもいいし、『カラマーゾフの兄弟』『罪と罰』のような暗い気持ちになる話でもいい。いずれも、ヨーロッパの歴史や宗教を感じ、人間の本質を垣間見ることができる。

全部を読み通そうと思わなくてもいい。特にドストエフスキーの文学は、読むのに本当に苦労する。あれが当時の「大衆小説」だというから驚きだ。当時のロシアの民衆よりも、現代人の我々は確実に読書の力が落ちているということだ。しかし今、我々が、「えい」という気持ちで読むだけでも違う。とにかく読み始める。途中でやめたとしても、必ず何かが心に残る。読書というのはそういうものだ。

『罪と罰』の主人公ラスコーリニコフは、自意識が肥大化し自分を「選ばれた非凡人」と考えるようになる。しかし現実には、貧しい暮らしに苦しんでおり、学費滞納のために大学から除籍処分を受ける。自分が金銭的苦境から解放されることが「世の中のため」になると曲解した主人公は、高利貸しの老婆を殺害して金を奪う。

その後、主人公は自分を正当化しつつも、罪の意識や幻覚に苦しむことになる。そして街で出会った娼婦のソーニャに救いを求める。最後にはソーニャの力を借りて自首をする。

このストーリーには、肥大化した自意識、自己矛盾、救済といった、人間を構成する基本的な要素がすべて含まれている。その意味では神話に近いとも言える。僕はドストエフスキー体験があるかどうかが、人間を分けると考えている。

神話には人間の基本的なパターンがすべて含まれている。世界各国の神話には、親殺し、近親相姦など、似たようなテーマが描かれている。つまり人間の心理や行動パターンは古今東西、時代を超えてもあまり変わらず、神話や伝承を読むことで、人間の本質に迫ることができるのである。

たとえば日本の神話や伝承なら、『竹取物語』には尊いものと卑しいものの差別の構造が描かれている。竹から生まれた玉のようなお姫様が、最後は「私はあなたと一緒にいられる身分ではない」と言い、月へと戻っていってしまう。ここにはどの社会でも見られる差別の構造が横たわっている。

また『遠野物語』には「神隠し」の話が登場するが、そこには異質なものに対する恐怖や排除、親しい人と離別することに対する悲しみが描かれている。最も有名な伝承は「寒戸の婆」で、神隠しに遭った娘が山姥のような姿で帰ってきて、村人から忌み嫌われる話だ。

僕はこれらの伝承を読みながら、時代を超えても変わらない人間の本質について考えを深めていった。読書初心者は、全部を理解しようと思わなくてもいい。それでもページをめくるだけで、その物語に通底するメッセージを感覚として味わうことはできる。

知識を積み重ねてもしょうがない

最近ではあらゆる場所で「教養」の重要性が語られている。しかし、さまざまな情報を知っている人を「教養ある人」だと捉える言説が多いことに、僕は違和感を覚えている。教養とは、単なる情報の羅列ではない。人生や社会に対する深い洞察、言い換えれば「思考する言葉」にほかならない。

だから、「たくさん読むことがいいことだ」という風潮にも異を唱えたい。情報の断片を積み重ねるより、そこから何を感じたかのほうが重要だ。情報の断片は、検索すれば簡単に手に入るではないか。「速読して年間に５００冊本を読んだ」という類の話は本当にくだらない。クイズ王を目指すのでもあるまいし、何の意味があるというのか。それよりも自分の心揺らぐ瞬間を発見し、思考の軸とすること。それこそが教養なのだ。

経営者やビジネスパーソンのなかには、「自分は読書家だ」と自負していても、話にまったく深みのない人がいる。読書を単なる「情報取得の手段」として捉え、ビジネス書や実用書ばかりを読んでいると、こうした状況に陥りがちだ。

ビジネス書や実用書には「結論」しか書かれていない。本来、優れたビジネス戦略の裏には、当事者が胸をかきむしりながら思考し、汗と血を流しながら実行するプロセスがある。理論やノウハウではない人間の格闘がある。しかし多くの場合、そうしたプロセスは十分には表現されず、成功体験だけが、方法論の形をとって描かれている。そのままなぞっても、自分が同じに再現できることなどないだろう。

もちろん、仕事のために必要な情報を本から取得するのは悪いことではない。しかし、僕が考える読書とは、実生活では経験できない「別の世界」の経験をし、他者への想像力を磨くことだ。重要なのは、「何が書かれているか」ではなく、「自分がどう感じるか」なのである。

これは、アート作品を見るときに近いのかもしれない。アート作品も、作品にまつわる情報をあれこれ取得するのではなく（もちろん、そうすることでさらに深く味わうこともできるのだが）、アートを目にしたときの心の動きを知覚するほうが重要だ。

僕は40代のころ、休日に銀座のギャラリーを歩き回るのが好きだった。多くの作品は印象に残らないが、たまに「どうしても欲しい」という情動が湧き上がる絵に出会うことがある。表現された悲しみ、切なさ、恍惚といった感情が、自分と共鳴する作品だ。

そうした作品に出会うと、僕はそれが3万円であれ、300万円であれ、当時の自分の稼ぎでは買いづらい価格のものでも、多少は背伸びして買った。アートは自分自身が「価値がある」と思えば、どのような作品であれ価値が発生するのだ。

本もそのようにして選べばいい。ベストセラーランキングを追いかけたり、世間が勧める本を読んだりするのもいいが、世間の評価と自分の評価は必ずしも一致しない。もっと自由に手に取り、自分の気持ちが動いたものを大切にしてはどうだろうか。

そのときの気持ちを言葉にして残しておけば、間違いなく自分の財産となる。僕も「これは」という本は、直接ページに気持ちを書き込んでいる。だから、今でもページをめくると当時の心情が甦（よみがえ）ってくる。そして当時の自分の葛藤を思い出し、仕事のヒントを得ることもある。

しかし、だからといって、全部の本で読書メモを取ろうと思わなくてもいい。言語化には多大な労力がかかり、全部の本でやろうと思ったら、苦行に感じるからだ。それよりもまずは、読書を通じて感じたことを、自分の心のなかに蓄積していけばいい。それはいずれ、糠床(ぬかどこ)のように熟成され、思考となって表面に出現してくるだろう。

弁護士と医師には魅力を感じられない

僕が個人的にあまり魅力を感じられない職業は、1に弁護士、2に医師である。もちろん人はさまざまであり、職業に規定されないが、この二つは、人間の幅を広げるには役立たない知識を、丸暗記で身につける職業だからだ。弁護士が暗記する『六法全書』の条文は、何ら思考の軸をもたらさない。法廷では、利害関係者の裏に潜む情動を気にせずに、「とにかく依頼人の有利になるように」と論を展開する。そこに人間力が鍛えられる要素はない。答えは法律の条文の範囲内にあるからだ。

医師が覚える医学的知識にも、そうした側面がある。弁護士よりマシなのは、外科医なら実際に人体にメスを入れることだ。生身の身体を相手にし、医学的知識ではどうにもならない理不尽な状況を迎えることもある。自分の手元が狂うと人が死ぬという極限状態を経験している。現実の理不尽に直面しているだけ、弁護士よりは人間力が鍛えられるだろう。

それに対して、編集者は人間力だけで勝負する仕事だ。どれだけ、作家に刺さる言葉を突きつけて、作品を面白くしたり、深化させたりできるかで勝負している。たとえば、もし編集者がその日に女に振られていたら、ハッピーエンドの恋愛小説に「こんなの恋愛じゃない」と言うだろう。編集者は自分自身の生き方でしかモノを言えない。すべての名作には、編集者のその日の気分が関わっている。著者の気持ちと編集者の気持ちがカチッとはまったときに、たまたま、名作は誕生する。編集者に弁護士や医師のような「正確さ」はない。

理不尽な話に思えるかもしれないが、人と人が仕事をすることは、本来はこれほどまでに主観的なものなのである。営業の現場でも、相手の気分によって結果が変わるのは日常茶飯事であり、「受注できなかったのは、相手の虫の居所が悪くて……」と言い訳していても仕方がない。それよりも「人間とはそういうものだ」と理解して、正面突破するしかないのである。

以上が、僕が読書に対して考えていることだ。本書ではそれを踏まえた上で、僕の人生と、僕の人生を切り開いてきた本について述べていく。

第1章では、主に小学校時代から高校時代までを振り返り、僕に思考する言葉を与えた「原点」とも言える本について書く。第2章では、大学時代から文芸編集者になる前の時代に読んだ、僕に戦う力を与えてくれた本について語る。

第3章と第4章では、文芸編集者になってから出会った数々の才能について、彼らの代表作とともに記述していく。前半では石原慎太郎、五木寛之ら、僕が若いころから憧れた作家について。後半では村上龍、林真理子ら、僕が寄り添った、当時の若き才能について書く。

さて、僕は読書と同じぐらい、旅と恋愛でも人間は成長すると考えている。そこで第5章では、旅と恋愛の本にフォーカスを合わせ、自分の経験も引き合いに出しながら、両者の持つ真の力について語りたい。

今年で68歳を迎える僕は、日々自分が死に近づいていることを実感する。人はどう生きて、どう死んでいくのか。第6章では「死」を扱った作品を取り上げ、人間にとって「死」が持つ意味を考えていく。

ここに記すのはあくまでも僕の場合であり、読者によっては合う本と合わない本があるだろう。しかしまぎれもなく、僕の人生を切り開いてきた本ばかりである。一連のストーリーを眺めながら、一つの人生を感じ取ってもらえれば幸いだ。

目次

読書という荒野

はじめに

第2章　現実を戦う「武器」を手に入れろ——56

第3章　極端になれ！　ミドルは何も生み出さない——100

第4章　編集者という病い

第5章 旅に出て外部に晒され、恋に堕ちて他者を知る——170

第6章　血で血を洗う読書という荒野を突き進め——198

おわりに　絶望から苛酷へ。認識者から実践者へ　226

編集協力　野村高文（NewsPicks編集部）
長山清子

第1章

血肉化した言葉を

獲得せよ

「自己検証・自己嫌悪・自己否定」は三種の神器

僕はものごころがついたときから、読書に没頭する少年だった。記憶に残っている限り、何か印刷物を読む習慣は、「週刊少年サンデー」と「週刊少年マガジン」という当時絶大な人気を誇っていた漫画週刊誌を読むことから始まった。小学校時代はサンデーとマガジンが発売になる水曜日を、それはもうワクワクして待ったものだ。

漫画であっても、文字を読むことに変わりはない。どんどん本を読むのが好きになり、やがて学校の図書館で本を借りてくることを覚えた。講談社の『少年少女世界文学全集』をはじめ、『ドリトル先生シリーズ』『ああ無情』『嵐が丘』『パール街の少年たち』『シャーロック・ホームズシリーズ』などを読み漁っていった。

現在にまで至る僕のアイデンティティを形成したという意味では、最初のターニングポイントとなった作品は夏目漱石の『こゝろ』だ。正確な日付は忘れたが、初めて手に取ったのは中学3年か高校1年のころだったと思う。布団のなかで眠るのも忘れて没頭した。

僕はこの本で初めて、人間のエゴイズムと罪悪感について考えさせられた。登場人物である「先生」は、親友のKを裏切って、Kが好きだった「お嬢さん」を妻にし、Kは自殺をする。先生は以後、人との交流を拒む生活を送り、最後は自らも死を選ぶ。

ここに表れているのは、先生の強烈な罪悪感だ。そしてその罪悪感は、エゴイズムと表裏一体となっている。

「はじめに」でも記したが、僕の持論に、「自己検証、自己嫌悪、自己否定の三つがなければ、人間は進歩しない」というのがある。この三つは「三種の神器」と言ってもいい。人は表現するときに言葉を選び取る。この作業は苦しく、否応なしに自分を否定し、自分の未熟さを見つめ直すことを余儀なくされる。しかしこの三つを繰り返した先にしか、人の成長はないのだ。

『こゝろ』を読んで初めて、僕は「自己検証、自己嫌悪、自己否定」という概念を実感した。初めて「生きるとは何か」を考え、夏目漱石のほかの作品にも没頭した。人間を形成するという意味で、僕の読書体験はここから始まった。

飲んだくれの父と愛情深く育ててくれた母

読書体験を本格的に語る前に、少し生まれ育った背景を説明しておきたい。

僕は1950年12月29日に静岡県清水市で生まれた。

現在では清水「市」が清水「区」に変わったので、僕の経歴を紹介する記述に、生まれが「清水区」になっていることがある。しかし僕はそのたびに「清水市」と訂正する。生まれたのは清水市であって、断じて清水区ではないのだ。

僕の母は裕福な医師の娘で、6人きょうだいの三女として生まれた。母の旧姓は多紀、その父（僕の祖父）は多紀保之助といって、現在の東大医学部にあたる学校で森鷗外の親友だったという。

『多紀氏の事蹟』という本がある。これは森鷗外の弟・森潤三郎が著したものだ。それを読むと、「多紀氏は、紀元5世紀ごろ中国から朝鮮半島を経て日本にやってきて、医術を伝えた渡来人（帰化人）の一族だ」とある。つまり僕は帰化人の末裔ということになる。

母は静岡の材木商の長男だった父と見合い結婚をした。父の実家も羽振りが良く、はじめのうちは幸福な結婚生活だったようだ。父は小糸製作所という自動車のヘッドランプなどを作る会社の静岡工場に勤めていた。しかし僕がものごころついたころには、酒に溺れ、ほとんどアルコール依存症のようになり果てていた。

両親と僕と4歳下の妹の4人家族は、静岡県清水市吉川というところにあった小糸製作所の社宅に住んでいた。そこは100世帯以上がともに暮らす、清水市で最も大きな社宅だったと思う。その社宅で僕は生まれ、18歳で高校を卒業するまでそこに住み続けた。何度か住居が変わったが、すべて小糸製作所静岡工場の社宅内である。

１００世帯以上の家族が住む巨大な社宅は、それだけで一つのコミュニティとして完結していた。社宅の敷地内に、今でいう小さなスーパーマーケットがあり（「売店」と呼ばれていた）、そこで食料品や日用品はすべて手に入る。遠くまで買い物に行かなくても、社宅のなかでたいていの用事が済むようになっているのだ。

社宅を一歩出たところにある国道沿いには、社宅に住む人のための店が並んでいる。パン屋があり、文房具店があり、酒屋がある。その酒屋には酒を売るだけでなく、その場で飲ませる一角があって、僕の父は仕事をしていないときは、たいがいそこで飲んだくれていた。

幼い僕の記憶に強い印象を残す風景が二つある。

一つは、小さな僕と母親が力を合わせて、酔って正体をなくした父親を手押し車に乗せ、家まで連れ帰っている風景。もう一つは、家で飲んでいた父親の酒が切れてしまい、母と二人で酒を買いに行ったときの風景だ。

もう60年以上前のことだ。おそらく日曜日だったのだろう。家からいちばん近い酒屋が閉まっていたため、僕と母は遠くの酒屋に行こうと、欄干がついていない橋を渡っている。その日は台風で、雨風が強く吹きつけてくる。橋は幅が狭く、強風が吹くたびに落ちそうで恐ろしいが、橋を渡らないと酒屋に行けない。そんな記憶である。

僕にとって父親は、基本的に僕と血がつながっているというだけで、いないも同然の人だった。家にいるときは常に酔っ払っている。父親らしきことをしてもらったことは一度もなかった。一緒に遊んでくれたり、勉強を教えてくれたり、そういうことがまったくない。

だから僕のほうも自分の悩みを相談したりはしない。親子らしい深い交流が本当に何もなかった。

父は小糸製作所で、いくつかの部署を転々としていたようだ。工員のようなこともしていたし、現場の事務を担当したことも、完成した部品を発送する部署にいたこともある。だが人事部や経営管理部のようなエリートコースには行けない。

なぜそんなに飲むようになったのか、理由はよくわからない。何かストレスがあったのか、それとも単に酒が好きだったのか。とにかく向上心というものがまったくない人だった。

父親がそういう人だから、家は平和ではなかった。「酔っ払いの見城さん」といえば社宅でも有名だったし、社宅には同級生が大勢住んでいるから、彼らにも僕の父親のことは知れ渡っていた。

しかし母親はそんな運命を受け入れ、すべてに耐えて、僕と妹を非常に愛情深く育ててくれた。僕たちも何か困ったことがあれば母親に相談し、母を頼りにしながら成長していった。

劣等感に苛まれろ

僕は劣等感にまみれた少年時代を送った。

だが、そんなことは別に珍しいことではないだろう。ある程度の感受性を備えた子どもならば、みな劣等感に苛まれているものだ。誰もが自信満々で生きているとは思えない。

当時の僕がどんなことに劣等感を抱いていたかというと、まず顔である。僕は自分の顔が世界でいちばん醜いと思っていた。そして身体が小さいことだ。勉強は、小学校の1年から3年、4年まではできたと思う。

だが5年、6年は最悪だった。佐々木先生という担任の女性教師が、なぜか僕を激しく嫌ったからだ。その教師は、たまに3歳か4歳くらいの自分の子を教室に連れてくることがあった。当時としては、別に珍しくもないことだ。

僕は小さい子どもが大好きだから、一生懸命相手をして遊んでやる。すると佐々木先生が僕に向かってこう言った。

「触らないで。あんたには触ってほしくないのよ」

教師に嫌われていただけでなく、ほかの子どもたちからもいじめられていた。要は僕の存在が、なんというか、目障りだったのだろう。小学生とは思えないような量の本を読んでいたし、子どものころから自意識過剰だった。

感受性は自意識から来るものだ。その自意識の発露の仕方が、「こいつは俺たちとは違う」というシグナルとなり、鼻につくのだろう。僕のほうの反省とすればそういうことになるが、そういう子どもでしかあり得なかったのだから仕方がない。

これは今の子どもたちも同じだろうが、子どもにとって自分が子どもの社会で疎外されていることは屈辱だから、親には絶対に知られたくない。子どもにも面目というものがある。

その事実を知られることによって、母が学校に相談に来たりするのも嫌だ。だから自分で耐えるしかなかった。僕は身体が小さくケンカも弱かったから、殴られたり、屈辱的なあだ名ではやし立てられたりと、いろいろな悲しい目に遭った。今の子のように、いじめられたから自殺するという発想はなかったが。

今も忘れられないことがある。通知表に「行動の記録」という項目がある。「公共心」「協調性」「公平さ」など、性格に関する評価だ。

僕はそれらの項目で、5年生と6年生の2年間、ほとんどC（最低評価）をつけられた。僕をいじめるやつらが僕に関する悪口を佐々木先生に吹き込み、先生がそれを丸ごと信じたからだ。

僕は担任教師によって、「本当に駄目なやつ」というレッテルを貼られた。佐々木先生もすでに故人になった。だがこのときの悔しさは、いまだにどうしても消えない。

死んでもいいという覚悟を持て

中学は、清水市立第七中学校に進んだ。中学生になれば多少はいじめも減るかと思っていたが、同じ小学校だった連中がほとんどそのまま同じ中学に進んだので、完全になくなることはなかった。中学時代のあだ名は、タコ。学友からタコと言われるのはものすごく傷つく。だから自らタコを演じていた。あいつはタコの真似をするからタコって呼ばれているんだと思われるように。要は自己防衛をしていたのだ。

いつも5人くらいがグループとなって、執拗に僕をいじめ続けた。清水市立第七中学校は、小高い山の麓（ふもと）に建っていて、その山の中腹には古ぼけた神社がある。ときどき僕は神社の裏に呼び出され、その連中から殴られていた。

変化は中学2年の夏にやってきた。いつもの連中から、その山の中腹の神社に呼び出された。もう何度目かわからない。これ以上、同じことが続くのはかなわないと思った。

自分が反撃の意志を見せない限り、ずっと殴られ続けるだろう。もう殴られっぱなしになるのはやめよう。たとえその結果、自分が死んだっていい。相手を殺してもかまわない。

僕は神社に向かう前、道に落ちていた鉄製のパイプのようなものを拾い、鞄に入れた。神社に着くと、待っていたやつらは例によって難癖をつけてきた。僕は鉄パイプを鞄から出して握りしめ、「俺は本気だ。死んでもいい。やるか！」と言って、やつらのほうに突き出した。彼らは一瞬ひるみ、そして逃げていった。その日を境に、いじめはぷつりとやんだ。

このとき僕は本当に死んでもいいと思っていた。本気で死を覚悟したことで、状況が変わったのだ。この経験は僕に、何かを変えるためには、死んでもいいと覚悟を決めなくてはいけないことを教えてくれた。

ここではない「ほかの場所」を求めた本

このように、僕は学校の友人たちとも教師たちともうまく関係が作れず、現実世界では疎外感や孤独を抱えていた。だからこそ猛烈な量の本を読んだ。読書をしている限り、そこは自分だけの世界である。誰かにいじめられることもない。

そのせいか、僕の好きな本には二つの傾向があった。

一つは動物と交流できる話。『ドリトル先生アフリカゆき』『ドリトル先生航海記』『ドリトル先生と緑のカナリア』など、ヒュー・ロフティングのドリトル先生シリーズに夢中になった。医師である主人公のドリトル先生は、「動物語」を修得しているため、どんな動物とでも話ができる。これがうらやましかった。

また、『野生のエルザ』という当時大ベストセラーになったノンフィクションも好きだった。『永遠のエルザ』『わたしのエルザ』という続編も出ている。

著者はジョイ・アダムソンという女性で、夫とともに仕事でアフリカに駐留している。それがふいにキャンプ地にやってきたライオンの赤ん坊を育てることになり、エルザと名付けてすっかり仲良くなるが、エルザは成長するとジャングルに帰っていく。別れは辛かったのだが、エルザは子どもを連れて里帰りしてくる。野生のライオンと気持ちを通わせ、家族のように付き合うという話だ。

『ドリトル先生』にせよ、『野生のエルザ』にせよ、僕はよほど動物と話したり、交流したりすることに魅力を感じていたらしい。

もう一つ、胸を躍らせた本のジャンルは、海外留学ものだ。当時は、小田実(おだまこと)の世界旅行記『何でも見てやろう』が大ベストセラーになっていた。

忘れられないのは植山周一郎の『サンドイッチ・ハイスクール』。著者が高校生のころ、アメリカ・イリノイ州にあるサンドイッチ・ハイスクールというところに留学したときの体験を本にしたものだ。これは最高に面白かった。

それから大山高明の『アメリカ青春旅行』や、加藤恭子のフランス留学記『ヨーロッパの青春』。青春の輝きが横溢していて、徹夜で胸躍らせて読んだ。

要するに僕は、ここではない他の場所、アナザープレイスに行きたいと願っていたのだ。現実の世界では常に疎外感がある。だから人間ではなく動物との交流を求め、自分がいる場所ではない、遠く離れた世界の物語を求めていたのだろう。

大人になってからのことだが、僕は小学校から高校まで、自分がいったいどれだけの本を学校の図書館から借りたのか、母校に問い合わせて調べてもらったことがある。残念ながら記録は残っていなかったが、もし記録が残っていれば、それぞれの学校の歴史のなかで、最多貸出記録保持者はこの僕に違いない。

中学でも高校でも受験期を除けば、ほとんど1日1冊のペースで借りて読んでいた。冒頭に書いた『こゝろ』を読んだのもこのころである。書店で好きな本を買うようになるのは、高校も終わりに差し掛かってからのことだった。

負の感情を溜め込め

高校は清水南高校という県立高校に進んだ。

この高校は、トップクラスの生徒の行く高校ではなかった。「二流校」などといえば今の在校生に悪いが、僕たちのころは、中学の学年で1位、2位を占めるような成績のいい生徒は、県下でナンバーワン進学校を浜松北高校と争う静岡高校に進んだ。いわゆる越境入学だ。3位から30位ぐらいまでが、清水市で一番の清水東高校へ行く。この高校は今も内田篤人などの有名なサッカー選手を輩出している文武両道の名門校だ。

しかし僕は、清水東は受ける前からギリギリだとわかっていたので、清水南高校という、清水東よりも偏差値の低い普通高校へ行った。

高校入学は僕にとって大きな出来事だった。これをきっかけに、今まで「鬱屈」のほうに振れていた振り子が、反対側に振り切れたのである。

中学時代までの僕は、劣等感や疎外感など大きな負の感情を溜め込んでいた。それが大きければ大きいほど、反対側に振れたときの振れ幅も大きい。振り子の法則と同じだ。

清水南高校は海と山に囲まれた、青春ドラマの舞台になりそうな場所にあった。校庭の裏はすぐ海。毎日そういうところにいると、いやがおうでも心が開放されていく。

また清水南高校は校技がラグビーだったので、ラグビー部でなくても、体育の時間などにラグビーをすることが多かった。クラス対抗のラグビー大会や文化部対抗ラグビー大会なども定期的にあって、僕はラグビーに夢中になった。このラグビーというスポーツに出会ったことも大きい。

そして僕は自分の偏差値で楽に入れる高校へ行ったので、成績がトップクラスになった。このような条件が揃ったせいか、自然と自分に自信が持てるようになり、僕はやがてクラスのリーダー的存在になっていった。

自己嫌悪や嫉妬など、負の感情を持つことは決して悪いことではない。いや、むしろ負の感情を経験したことがなければ、人のそれも見抜くことはできない。自分が嫉妬深くなければ、「あなたは嫉妬深いですね」とは指摘できない。劣等感のない人が、「あなたは劣等感が強いね」とは言えない。僕はそれまで、ありとあらゆる感情を自分のなかで溜めていた。それが今でも編集者、経営者として、相手の感情を想像したり、指摘したりするために大いに役立っていると思う。

自分を恥じ、深く見つめることを余儀なくされる読書体験

僕の入学した清水南高校は、まだ創設されたばかりの学校だった。清水東高校の分校として1963年に誕生し、翌年独立。独立した高校になってからはまだ2年しかたっていない。

そういう高校をまとめあげていくには、エネルギーのある、言い換えれば独裁力のある校長でなければならなかったのだろう。清水南高校の校長は50代前半の、かなり独裁的な人物だった。今もフルネームを覚えているが、福井半治という名前だった。

入学して2ヶ月後くらいに、新入生の親睦をはかる目的で、高校のなかにあった宿泊施設で2泊3日の合宿をすることになった。1クラスくらいなら全員が寝泊まりできる、なかなか立派な施設があったのだ。

その合宿で、校長先生とクラス全員が対話をする場が設けられた。しかし相手はなにしろワンマンの校長だから、生徒たちはみな緊張して校長に意見を言うどころではない。校長の話をただ黙って聞いているだけだ。

ところが、その話がいつまでたっても終わらない。あまりにもしつこいと思った僕は、「はい」と手を挙げ、立ち上がって、「校長先生の話はくどすぎます」と言ったあと、こう続けた。

「あなたがこの高校を切り開いてきたことはわかります。でもあなたの価値観を僕たちに押しつけないでください。あなたは、いい意味でも悪い意味でも独裁者です。独裁者であることを自覚してほしい」

福井半治校長は唖然として、僕をジロッと見たあと、

「お前、すごいな」

とだけ言って、僕をとがめるようなことはなかった。

入学早々こんな真似をする生徒は、当然のことながら目立ってしまう。しかし小学校や中学校のときのように、いじめられるのではない。今度は逆に、学年中が注目するリーダー的存在になっていった。

僕は弁が立ったし、成績もいい。模擬試験やテストの結果が貼り出されれば、どの教科も常に1位から5位以内をキープしている。ひ弱な秀才と違い、反抗的なタイプ。運動神経は鈍いながらもラグビーに熱中するようなところもあった。だからみんなから崇められていった。友人も多く、2年生、3年生になると、それまでの暗黒の時代から一転、学校全体のヒーロー的な存在になっていったのだ。

破りたくて破るわけではないが、僕は校則を破るようなことばかりしていた。放課後にみんなを空き地に集めて、禁止されていたソフトボールの試合をやったり、政治的な活動をしたりと飛び回った。

ベ平連（ベトナムに平和を!・市民連合）がベトナム戦争に反対して作った、「DO NOT KILL IN VIETNAM（ベトナムで人を殺すな）」というバッジがあった。それをつけて登校するのは当時絶対にしてはいけないことだったが、あえてした。高校時代の最後のほうは、反戦デモにも参加するようになっていた。

このように政治活動にのめり込むようになったのは、読書体験に由来している。特に五味川純平の『人間の條件』には強い影響を受けた。

僕はいつも、傍線を引きながら本を読み、読了日を記録している。この本のページは傍線であふれ、末尾には「昭和42年9月10日」という読了日が記されている。つまり、高校2年生のときだ。

本書のテーマは「自分の良心との戦い」である。舞台は太平洋戦争中の満州。主人公の梶は炭鉱で中国人労働者の労務管理をする仕事をしていた。

しかし日本軍が中国人労働者を虐待する様子を目の当たりにし、軍隊に異を唱える。梶は報復的に軍隊に召集され、そこで圧倒的に理不尽な毎日を余儀なくされる。

梶は正義感が強かったがために、軍隊という地獄のような環境に放り込まれた。自然と、正しいことが言えなくなっていく。梶はそんな自分を責め続け、「人間としての本当の勇気がなかったから、人間らしさを装っていた」と、自らの勇気に対しても疑問を抱く。

そして最後は中国の曠野で、降り積もる雪の中、飢えで意識が混濁し、自分の美しい妻が自分に寄り添っている幻覚を見ながら死んでいく。

この小説は文庫本にすると全6冊の大長編だが、読み始めると眠れなくなってしまった。

何度かトイレに行くだけで、食べることも忘れて、最初から最後まで読み切った。

これほど善く生きているのにもかかわらず、徹底して自己検証、自己嫌悪、自己否定を繰り返す梶に対し、高校生の僕は衝撃を受けた。ラグビーボールを追いかけたり、成績が良かったりして、学校の人気者になったところで、自分は世の中の矛盾や不正や差別や理不尽に対して、何一つ作用できていないじゃないか、と。

「お前はどう生きるのか」という問いを突きつけられ、自分を恥じ、深く見つめることを余儀なくされた読書体験だった。ここで初めて、本には一人の人生を変える力があることを自覚した。それを意識したからこそ、必然的に編集者という仕事に就いたのかもしれない。

世界の矛盾や不正や差別に怒れ

その後、高橋和巳に傾倒した。『邪宗門』『憂鬱なる党派』『悲の器』とどんどん読んでいった。とりわけ『邪宗門』が僕に与えた影響は大きい。エンターテインメントとしても一流の作品で、これが映画化できないのは、日本映画界の敗北とさえ思う。

『邪宗門』は「世直し」の思想を掲げて、国家権力から弾圧される宗教団体を描いた作品だ。教主が投獄され、共同体から虐げられ、敬虔な教徒である主人公は権力と対決する道を選ぶ。

ここで描かれているのは、理念を持つ者が直面する「現実の踏み絵」である。今の社会が「善」として押しつけているものと、まったく逆のベクトルの理念を抱いた者にとっては、理念の追求は大きな試練となる。

理念を全うするために囚われの身になるかもしれないし、命を落とすかもしれない。『邪宗門』でも教義に殉じて朽ち果ててゆく人々が登場する。これこそが「現実の踏み絵」である。

ここから僕は、自分の理念を全うする困難さを学んだ。社会や国家に対する理想像を持ってしまった者は、必ず苦しみ抜くことになる。それを実現しようとすると、強大な現実の壁に阻まれるからだ。高橋和巳の文学の登場人物たちは、みな苦しみ抜いて理念を貫こうとしている。それに比べて、自分の目の前の苦労はなんと些細なことか。高橋和巳の文学体験は、自分が無理、無謀を突破しようとするとき、大きな武器となった。

『邪宗門』の後、僕は高橋和巳の他の作品を次々と読み漁った。『憂鬱なる党派』は元左翼活動家、『我が心は石にあらず』は労働組合の活動家を描いた作品で、どちらも胸に迫る。いずれも「今の世の中の仕組みは間違っている」と思ってしまった人間の戦いが描かれている。高橋和巳作品の主人公は革命運動に従事していた人物であることが多いが、その生き方には心を揺さぶられたものだ。

僕はつつましいながらも何不自由ない人生を送っている。自分さえよければいいという生き方をしている。これでいいわけがない。この世界に存在する矛盾や不正や差別を、全部正していかなければいけない、と当時強く思った。読書体験を積み重ねることで、「理想とする社会像」はどんどん純化されていく。そのぶん、現実の矛盾が目についてしょうがない。僕の思想は自然に、左翼的な方向へと向かっていった。

この想いは、高校生活の終わりごろに吉本隆明の詩に出会ったことで、決定的なものとなった。吉本については、あまりにも僕に与えた影響が大きいため、次章で詳しく説明する。

こんな読書体験を経ていれば、当然、反抗的な生徒になる。学校のルールなんてまやかしだ。だからやってはいけないということはほとんどやった記憶がある。ただ、成績は高校3年間を通じてほとんど1位から5位以内だったので、教師もあまり僕を叱ることはなかった。

正しいと思うことを言えなくなったら終わり

僕がどれくらい反抗的だったかを表すエピソードがある。

チャイムが鳴って、日本史の授業が始まるというときだった。荒木という教師が教室に入ってきた。教師が入ってくれば、それまでザワザワしていた教室も静かになって授業が始まる。

ところが、荒木先生は授業を始めなかった。

「今、教室に入ってくるときに口笛が聞こえた。口笛を吹いていたのはお前だろう」

とYという生徒を指さし、

「お前、立ってろ」

と言った。しかし口笛を吹いていたのはYではない。彼の近くにいた僕にはそれがわかった。それに口笛を吹くぐらいが何だ。先生が教室に入ってきたらやめたんだから、いいじゃないか。

そこで僕は立ち上がってこう言った。

「口笛を吹いていたのは彼じゃないですよ。そうだとしても、口笛を吹いてたぐらい、何ですか」

「何だと？」

「僕はそういう先生の授業なんて受けていられない。ボイコットします」

僕は鞄を持って教室から出ていき、誰もいない化学室で小説を読んでいた。処分されてもいい、退学になったらなったでいいと思っていた。間違ったことを間違いであると指摘できなくなるよりはマシだ。

するとしばらくしてMというちばん親しいクラスメイトが「荒木先生が見城を連れてこいと言っている」と呼びにきた。「わかった」と言って教室に戻ると、立たされていたYも席についている。

荒木先生も、「今回はこれで収める」と言った。

「ああ、そうですか」

「ただし、お前の日本史の成績の評価に影響するかもな」

この野郎、と思った。評価を下げたければ下げればいい。だが僕はこれから日本史のテストが行われるたび、そのすべてで１００点をとってやる。それでもマイナスにできるならしてみろ。そう思って、意地でも全部１００点をとった。

さすがに荒木先生もこれに低い評価をつけることはできなかったのだろう。日本史は10段階評価の10だった。

この話には後日談がある。

僕は早稲田と慶應に現役で受かったのだが、高校を卒業して間もないころ、用事があって高校を訪れると、３年生のときの学年主任の先生がやってきて、次の受験生のために何人かに依頼している「私の受験合格記」を書いてくれ、と言う。清水南高校は創立してまだ間もない学校だったため、早稲田と慶應に現役で受かったのは僕が初めてだったからだ。

僕はそれを承諾して帰ろうとした。すると例の荒木先生がやってきて、僕を呼び止め、こんなことを言った。

「あのとき本当は、お前に対して、この生徒はすごいなと思ったんだよ。ただ、あの場ではそれを言うわけにはいかなかった。腹立ちまぎれに変なことも言ってしまった。すまなかったよ。まあ、とにかく合格おめでとう」

この人、今ごろ、何を言っているのかなと思った。「いや、僕も性急でした」ぐらい言えばよかったのかもしれないが、「はあ」と生返事をして帰った。しかし、ずっと気にしていてくれたんだなと思うと、嬉しかった。

ちなみに頼まれた受験合格記は、「学校の言うことなんかインチキだから、それに踊らされるな。自分のやり方で受験勉強すればいい。僕はつまらない授業の時間にはずっと小説を読んでいた」と好き放題書いたせいか、掲載されることはなかった。

苦しいほうに身をよじり、自己検証能力を磨け

高校までの読書体験で実感したのは、人間が何かを達成するには地獄の道を通らなければならないということだ。どんな美しい理想を掲げても、実際に成し遂げるためには数多の苦

しみ、困難がある。何かを得るためには、必ず何かを失う。代償を払わずして何かを得ることは不可能だ。この考え方は、現在に至るまで僕の根本に位置している。

そしてこれに気づくまでに、僕は猛烈な量の読書をした。人間は一つの人生しか生きられないが、読書をすれば無数の人生を体感できる。理想を掲げ散っていく主人公に心を通わせる。そうすることで社会のなかでの自分を客観的に見ることができる。自分はなんて生ぬるいんだ、と現実を叩き付けられる。つまり「自己検証能力」が高まるのだ。

人間は多様で、さまざまな価値観を持つ。そうした他者への想像力を持たない者に、成長も達成もない。そしてこの力は、一朝一夕に身につくものではない。それは地道な読書によって厚くなっていくし、同時に実際の人生において、いじめられたり、理不尽を味わったり、地獄を経験すればするほど強くなっていくものなのだ。

第2章

現実を戦う「武器」を

手に入れろ

慶應義塾大学に入学

前章でも述べたように、僕は慶應の法学部をはじめ、早稲田の法学部など受験したすべての大学に現役合格した。そして結論からいうと、慶應義塾大学に進んだ。

本当は国立に行くべきだったのだが、地元の静岡大学に行くのは気が進まなかった。学生時代ぐらい東京か京都で過ごしてみたいという気持ちが強かった。僕が受験した１９６９年は東大闘争で、東大の受験が行われなかった。元より東大や京大を目指す学力などなかったが、京大には憧れていた。学生時代を京都で過ごしたかったので、同志社も受けたし、立命館も受けた。同志社は文学部新聞学科（当時）に、立命館は産業社会学部と経営学部に受かった。

最終的に慶應を選んだ理由は、母親がどうしても慶應に行ってくれと言ったからだ。僕が慶應に合格すると、「自分の息子が慶應に行けるとは思わなかった」と言って大変に喜んでいた。別にそれを裏切る必要もないだろうと思ったのだ。

子どものころからずっと活字に触れる生活をしていたので、新聞にも興味を持ち、同志社の新聞学科にも未練がなかったわけではないが、それほど執着があったわけでもない。正直にいえば、大学はどこでもいいや、東京も悪くない、と思っていた程度だ。我が家は貧乏というほどでもなかったが、お金が潤沢ではなかった。いや、やはり貧乏だったのかもしれない。だから金銭的なことを考えれば、学費の安い国立で、家から通える静岡大学に行くのがいちばんよかった。

だが、僕は静岡大学に行くのがどうしても嫌だった。18歳まで小糸製作所の社宅に暮らして、もういい加減、外の世界に出ていきたいと思っていたからだ。子どものころの僕が好んで読んでいたのは、動物の本と旅の本で、それはいずれも「ここではない、別の世界に行きたい」という想いからにほかならない。そんな僕にとって、これ以上静岡の生活が続くのは耐えられなかったのだ。

できれば京都か東京に行きたい。だが京都か東京の国立大学となると、かなりの難関になってくる。しかし私立の入学金や授業料は、僕の家では到底払えない。そこで母親が僕の学費を稼ぐため、働きに出てくれたのだ。母はそれまで専業主婦だったが、建設現場で働き始めた。さすがに激しい肉体労働ではなく、掃除などの雑用をしていたと思う。しかし、あるとき母が、建築現場で錆びた釘を踏み抜いてしまったことがある。当時は破傷風が流行っていた。傷口から細菌が入ると、最悪の場合は死に至ることもある。これは大変だと大騒ぎになった。結局は破傷風にならずに済んだが、自分のために母が危険な建設現場で働いていると思うと心が痛んだ。父は、僕が大学を受験するときも、就職するときも、ずっと僕とは無関係な人だった。父親が僕に何かモノを言うことはなかった。

もっとも考えようによっては、そのぶん僕は父親の束縛から自由だったとも言える。母親を悲しませたくないという想いは常にあった。

吉本隆明・あまりに切ない精神の劇

そんな動機で大学に入ったものだから、すぐに授業には出なくなった。その代わり、読書にはさらに耽溺(たんでき)し、もともと高校時代から関わっていた学生運動に、さらにのめり込むようになっていった。そのころの学生は、普通に良心を持っている人間なら、みな一度は学生運動に染まっているのではないか。僕もかなり真剣にのめり込んでいった。本気で「革命によって世の中の矛盾や差別を正さなければならない」と信じていたのだ。

そのなかで出会ったのが、僕が生涯影響を受けることになる、市井の思想家・吉本隆明の評論や詩だ。吉本は僕よりも26歳上で、学生運動にのめり込む学生の間では、心の拠りどころになっていた。

吉本は大学卒業後に労働組合運動に関わり、勤務していたいくつかの会社を追われることになる。そして著述の世界に進み、1953年に詩集『転位のための十篇』を刊行する。

吉本の代表作は「国家の幻想性」を喝破し、一個人の自立を訴えた『共同幻想論』や、「文学には固有の価値と意味があり、イデオロギーによって規定されるものではない」と主張した『言語にとって美とは何か』が挙げられる。特に『共同幻想論』に影響を受け、おのおの理想の国家像・社会像を思い描き、学生運動に身を投じていった学生たちは多かったのだ。

しかし、僕の人生に決定的な影響を与えたのは、『転位のための十篇』である。この詩集を何度読み返したかわからない。これほどまでに苛烈な詩はないと言える内容だ。

勁草書房版『吉本隆明全著作集1　定本詩集』の本の帯に「孤独な暗闘が美しいイメージと比類ない繊細さで歌いあげた精神の弁証法」とあるとおり、この詩には、極限状態で国家と対決する個体の心情が、切ないまでに美しく綴られている。

吉本は労働組合運動の経験から、収奪する者とされる者の間に存在する差別構造について、誰よりも深い問題意識を持っていた。そして、収奪される者の側に立ち、言論のみならず、時には暴力を伴う苛烈な運動に身を投じる。

しかし吉本が救おうとした「収奪される者」は、善良で、平凡な人々で、吉本の戦いを理解しようとしない。自分はその人たちのために、割に合わない役割を引き受け、命がけで戦っている。しかしその人たち自身が、自分を理解しようとせず、薄ら笑いを浮かべて「あの人はバカだね」と嘲る。その意味で、吉本隆明は二重の孤独にさらされていた。そんな切ない気持ちを表現したのが、『転位のための十篇』だ。吉本はこう綴る。

（前略）
ぼくはでてゆく
冬の圧力の真むかうへ
ひとりつきりで耐えられないから
たくさんのひとと手をつなぐといふのは嘘だから
ひとりつきりで抗争できないから
たくさんのひとと手をつなぐといふのは卑怯だから
ぼくはでてゆく
すべての時刻がむかうかはに加担しても
ぼくたちがしはらつたものを
ずつと以前のぶんまでとりかへすために
すでにいらなくなつたものはそれを思ひしらせるために
ちひさなやさしい群よ

みんなは思ひ出のひとつひとつだ
ぼくはでてゆく
嫌悪のひとつひとつに出遇ふために
ぼくはでてゆく
無数の敵のどまん中へ
ぼくは疲れてゐる
がぼくの瞋りは無尽蔵だ

ぼくの孤独はほとんど極限(リミット)に耐えられる
ぼくの肉体はほとんど苛酷に耐えられる
ぼくがたふれたらひとつの直接性がたふれる
もたれあふことをきらつた反抗がたふれる
ぼくがたふれたら同胞はぼくの屍体を
湿つた忍従の穴へ埋めるにきまつてゐる
ぼくがたふれたら収奪者は勢ひをもりかへす

だから　ちひさなやさしい群よ
みんなのひとつひとつの貌よ
さやうなら

——「ちひさな群への挨拶」

この詩から学んだのは、戦いとは常に孤独であるということ。誰にも理解されないことが前提だということだ。それを飲み込み、絶望した上で、戦いを貫徹しなければならない。『転位のための十篇』は全編を通じて、吉本の心の痛み、切なさが表現されており、ヒリヒリとしたリアリティを感じる。だからこの詩を読むことで、僕はいつも絶望から立ち上がる力が湧いてくる。

大きな勝負に出るときや、不可能だと思われることに挑戦をするときには、必ず『転位のための十篇』を読み返す。

いや、この40年間『転位のための十篇』だけは、週に1回は読み返す。僕が少しでも過ごす場所には吉本隆明の詩集を置いていて、いつでも読める態勢になっているのだが、すでに全編暗記してしまっているのに、読むとまた、涙があふれる。邪道な読み方かもしれないが、不可能だと思えることに決然と挑もうとするとき、僕は吉本の詩篇を暗唱する。そのようにして幻冬舎は、今、ここに在るのだ。

また、僕の「血と骨」と言えるのが、『マチウ書試論』だ。『マチウ書試論』も何百回と読み返しているが、そのたびに新しい発見がある。

『マチウ書試論』は、吉本隆明が新約聖書の巻頭に収められている「マタイ伝」をどう読んだかという思考の足跡だ。「マタイ伝」をダシにして、のっぴきならない自分自身を表出したのだ。そして、それこそが「批評」というものだ。「読書」というものだ。『マチウ書試論』執筆の経緯はおそらく「人妻を奪う」という吉本隆明の個人的難関から端を発している。個的な「難関」を抱える吉本隆明によって「マタイ伝」は『マチウ書試論』に作品化されたのだ。だから学者のように「マタイ伝」を分析、解読したのではない。極めて個的な事情に端を発して「マタイ伝」を批評したのだ。それは自己表出であり、文学であって、学術書ではない。

性急な革命闘争を戦いながら、人妻に恋し、人妻を奪うという「非倫理」を全力で生き切り、自己否定の地獄から自己肯定に反転する精神の暗闘を、絶望的に試みたのが『マチウ書試論』なのだ。吉本隆明は自らの抜き差しならない問題として「マタイ伝」を批評し、『マチウ書試論』を著したのだ。

なぜ、「マタイ伝」の作者は穏やかなユダヤ教を憎悪し、暴き立て、反逆しなければならなかったのか？

つまり、自分の陥っている道ならぬ恋の「非倫理」に苦しんでいる吉本隆明の目におそらく「マタイ伝」は秩序に反逆する異様な精神の劇として入ってきたのだ。自己嫌悪、自己否定から立ち上がるために、共同幻想を対幻想で突破するために「マタイ伝」を恣意的に極端に解読することによって「反逆の倫理」の正当化、つまり自己の情念の強烈な正当化を試みたのだ。「関係の絶対性」の視座を据えない限り吉本隆明にとって救いはなかったはずだ。

現実の重圧のなかで人間の精神の営為は常に相対性にさらされ、倫理すら相対的なものでしかない。裏切り、欲望、エゴイズム——。それを自然のものとして受け止め、秩序として構成していくユダヤ教への「マタイ伝」による異常とも思える憎悪。秩序とは、人間の醜さを糊塗するものにほかならないと暴き立てる暗い情熱はどこから来るのか？「マタイ伝」の性急でいびつで過激な精神性を、「関係の絶対性」という概念で説明せざるを得ない吉本隆明にとって、『マチウ書試論』は人間の弱さや醜さやエゴイズムを暴くことによって共同体の倫理の相対性を暴露する自己の「非倫理」を思想的に超克した私的闘争の論考だったのではないか？

『マチウ書試論』に吉本隆明が書いた象徴的一文がある。

> マチウ書が、人類最大のひょうせつ書であって、ここで、うたれている原始キリスト教の芝居が、どんなに大きなものであるかについて、ことさらに述べる任ではないが、マチウ書の、じつに暗い印象だけは、語るまいとしても語らざるを得ないだろう。ひとつの暗い影がとおり、その影はひとりの実在の人物が地上をとおり過ぎる影ではない。ひとつの思想の意味が、ぼくたちの心情を、とおり過ぎる影である。

この一文の前で僕はいつも立ち竦む。『マチウ書試論』は自己の非倫理を倫理に反転する、私的闘争を賭けた吉本隆明の再生の書なのだ。

『マチウ書試論』は難解だ。何百回読んでも「関係の絶対性」はつかめたようでスルッと逃げていく。しかし、「観念」の最終形は死をも厭わない「関係の絶対性」だとするなら、「マタイ伝」の作者が引き受けなければならなかった「現実」の苛酷さに、すなわち人間の営みのどこまでも深い暗さに、慄然とするしかない。

「関係の絶対性」はその極限状態によって違う。極限状況での戦いと葛藤をかつても今も抱えていない人が「自分の葛藤する問題そのものとして読む」のは不可能に近い。そして、わざわざそのように読む理由もない。単なるペダントリーとして読むなら無意味だ。

『マチウ書試論』が書かれたときの吉本隆明にとっては「自分と自分が敵対する資本主義国

家」であり「自分と自分が愛する大衆」であり「自分と自分が恋する人妻」で、それを「絶対性」と捉えたとき、絶対的倫理が作動する。「マタイ伝」の作者にとっては「自分と神との関係」。これはあくまで自己否定し尽くした人間の「自己肯定化」ひいては「自己正当化」への視点だと僕は理解している。

吉本隆明は革命闘争に勝利できるとは露ほども考えていなかったのだ。絶望的な戦いであっても自分は逃げ出すわけにはいかないと覚悟を決めていただけだ。たとえ絶望的であっても戦い切るしかないと。それは吉本隆明の内部の問題であり、人間としての矜持の問題だ。同時に、吉本隆明が陥っていた人妻との道ならぬ恋の行方が自分を苦しめていた。二重の苛酷さのなかで、吉本隆明の目に映った「マタイ伝」はキリスト教の成立に至る致命的に暗い、負のよじれた感情に満ちていたのだ。

吉本隆明の作品は極限の精神状況を生きた人でないとなかなか、真っ当に理解することはできない。「マタイ伝」に「思想の影が通り過ぎる」のを感知した『マチウ書試論』はもっと理解が大変だ。僕は極端にいえば「エゴイズムの倫理化＝エゴイズムの正当化」だと思い込むことにしている。戦いの果てに吉本隆明の摑み取ったものは「戦う自己の肯定」だったのではないか。自己否定と暗闘する吉本隆明が「マタイ伝」をバネに再生しようとした自己肯定の試み。人間の精神の営みの暗さが通り過ぎる「マタイ伝」に「関係の絶対性」を見出したとき、吉本隆明の自己肯定の絶唱が読む者の胸に沁み渡るのだ。そのあまりに切ない精神の劇に僕はあふれ出る涙が止まらない。

これが『マチウ書試論』が吉本隆明の思想的出発点と言われる所以（ゆえん）である。

吉本隆明が藁にもすがる想いで、摑み取りたかったもの。それがかつて何度も読んだはずの「マタイ伝」のなかにあった。そのとき「マタイ伝」はかつてとはまったく違う相貌で吉本隆明の前に立ち現れたのだ。文学の誕生である。『マチウ書試論』は吉本隆明の個的な魂の絶唱なのだ。そのようにして『マチウ書試論』は僕たちの目の前にある。文献的、学術的な解釈の彼方に『マチウ書試論』は佇んでいるのだ。

君はどう生きるのか？

「マタイ伝」が吉本隆明にそう問いかけたように、『マチウ書試論』はそのことをこそ僕たちに問いかけている。

「理想」を語るということは苛酷の道を行くということだ

同様に、僕のなかで脈々と生き続けているのが、高野悦子の『二十歳の原点』と、奥浩平の『青春の墓標』だ。高野悦子も奥浩平も、在学中に自殺した学生運動の只中にいた人だった。高野悦子は立命館大学、奥浩平は横浜市立大学だった。死後、彼らが綴っていた日記やノートが発表され、ベストセラーとなった。

僕はかねがね、高野悦子と奥浩平の作品から感じるのは、彼らの人の善さ、正義感、純朴さである。人生を生き切るには「善い人」でなければ駄目だと考えている。たとえ共同幻想の所産であっても良心がなければ、自分を突き詰め、追い込むことはできない。他者と本物の関係を作ることはできない。人生や仕事において、したたかさや、ずる賢さも時には必要だろう。しかし、それで一時的にうまくいったとしても、そういう人間はどこかで必ず落ちる。小手先でやるのがいちばん駄目なのだ。

高野悦子も奥浩平も、普通のノンポリの人から見れば、「そんなに悩まなくていいのに」ということに葛藤している。資本主義の矛盾について真剣に考え抜き、警察と自衛隊という暴力装置を独占的に持っている国家と戦い、経済構造を変えようとする。しかし周囲は、運動といっても肩を組んでデモをしたり、革命歌である「インターナショナル」やフォークソングを歌ったりと、生ぬるい行動しかしていない。見せかけの活動では世の中は変わらないと思い悩んだ彼らは、必然的に「武器を取るしかない」という結論に到達する。

しかし、両親の深い愛情を受け、共同体のなかでまともに育った彼らは、どうしても武器を取ることができなかった。思い悩んだ結果、絶望的な気分になり、自ら命を絶っていった。

『二十歳の原点』の扉ページには、僕のメモ書きが残っている。日付は１９７１年５月19日、「沖縄ゼネストの日」とある。

君の死は僕にとって重い。致命的に学生運動の嵐を通り過ぎた者のわかりきったノートにすぎないのに。一人のごく平凡な少女が、うぬぼれも、優越感も、劣等感もある、自意識の強い、そして当然に良心的な君が、必死にもがき、戦い、努力し、うぬぼれ、焦り、傷つき、絶叫し、死んでいった。僕は君が好きだ。そして君は重い。悦子よ、僕は君を無視して生きられない。君の死は僕の生に蘇り、僕の苦悩とともに僕の中に生き続ける。

今読み返すと照れくさい気もするが、しかしそれだけ、彼らの人生は、当時の僕に衝撃を与えた。

中核派のメンバーだった奥浩平は、革マル派の女性に恋をする。イデオロギーの違う組織のメンバーに恋をするのは、とんでもない掟破りだ。しかし人間の性愛は、思想で割り切れるものではない。

本の最後にある兄に宛てた手紙のなかで、奥浩平はこのように記している。

彼女はなぜかこの半年の間に目立って美しくなりました。そしてぼくは彼女を静かに愛して、もっと美しくなった彼女を兄上に見せたいと思います。初めて手を握り合った六月のあの甘美な夕べを取り戻すことができたら、ぼくのもっていくサントリー・レッドを飲んで下さい。

この一節を読むたびに、僕は涙が出る。これほど純粋な想いがあるだろうか、と。その感動をさらに深めたのは、「あとがき」にある、彼の兄・奥紳平の文章だ。

駒鳥は巣立ちしてまもなく林の中を水平に一直線に飛翔するという。そして、多くの若い駒鳥が樹木に衝突して地に落ちる。

この隣に、僕は「水平に飛ばなかった駒鳥だけが生き残るのだ」と書き加えている。まっすぐに飛んだ彼らは、みな樹木にぶつかって死んでいった。自分はまっすぐに飛ばなかったために、現在まで生き残ってしまっている。そういう想いは常にある。

だから僕は、この世の戦いで負けるわけにはいかない。生き残ってしまった者の役割として、この世の中の醜さを、自分の出世や台頭で証明するしかない。そう自分自身に思い込ませている。

僕は、世の中の改変を試みた若者時代を持たない人間を信じない。もちろん世代によっては、学生運動に縁遠い人たちもいるだろう。しかし世の中に対する理想を持ち、その理想を貫徹するために苦しみ、悩み抜いた経験を持つことは、どの世代にも重要である。理想を持つことは、すなわち自分の一生をどう生きるかという命題にもつながる。そこを真剣に考えずして大人になった人たちは、どこか薄っぺらい気がする。そういう人たちが使う「理想」という言葉が僕は大嫌いである。

生きることを真剣に考えると、必然的に読書に活路を見出すことになる。先人の知恵や生き方を心のよすがにしたくなるのだ。高野悦子や奥浩平のノートや日記を読めば、世の中に対して、自分の生き方に対して、これほど真剣に考えた若者がいたのか、と自分の情けなさを痛感させられる。

自己嫌悪と自己否定が仕事への原動力となる

僕はずっと負い目を持っていることがある。あれほどまでにのめり込んだ学生運動だが、革命の意思を貫き通すことはできなかったのだ。活動をしている最中には「このままいけば逮捕される」という場面もあった。しかし、その寸前で僕は逃げてしまった。

頭をよぎったのは、「就職にも悪影響があるかもしれない」という想い。特に大きかったのは、「僕が警察に捕まったら母親が悲しむ。母親を悲しませたくない」という感情だった。命が惜しいというレベルですらなく、たったその程度のことで僕は自分の抱いた観念を貫くことができなかった。結局、僕は現実の踏み絵を踏み抜けなかったのだ。

そんななか、僕にとって衝撃的な事件が起きる。1972年5月30日、イスラエル・テルアビブのロッド国際空港で日本赤軍の奥平剛士、安田安之、岡本公三が乱射事件を起こしたのだ。

奥平剛士たちが罪のない26人の市民を殺したという説もあれば、市民が死んだのは警備兵の銃撃のせいだという説もある。真相は今でもわからないが、日本赤軍の革命運動をきっかけに多くの死傷者が出たことは事実だ。

彼らは決意に満ちた瞳でロッド国際空港に降り立った。後に続く革命運動を思い描きながら、現実という踏み絵を躊躇なく踏み抜いたのだ。奥平剛士と安田安之は、蜂の巣のように撃たれながら自分の足元に手榴弾を投げて死んでいった。岡本公三の手榴弾はなぜか爆発せず、彼だけは自決に失敗して逮捕された。岡本はその後、イスラエルで終身刑の宣告を受けるも、捕虜交換でレバノンへと追放。現在も亡命先のレバノンで一人生きている。もう、日本に戻ることもないだろう。

この事件に対して、どれほど僕が衝撃を感じたかは、自著『たった一人の熱狂』の「文庫版あとがき」にも書いた。すなわち、このときを境に、僕は生き方を変えたのだ。テルアビブで銃を撃った奥平剛士や安田安之は、自らの革命思想に殉じた。僕は彼らの墓標に並ぶことはできなかった。いくら高邁な理想を抱いたところで、それを実行に移さないと意味がない。自分は奥平剛士や安田安之に対する、消えない劣等感のなか、生きるのだと覚悟を決めた。この経験は僕にとってはこれ以上にない形で自己嫌悪と自己否定をもたらすものだった。

彼らの戦いに比べたら、自分の戦いなど些細なものだ。ビジネスでどんなリスクを冒そうと、命を取られることはない。そうした覚悟を与え、仕事への原動力をもたらしたのが吉本隆明の詩や評論であり、高野悦子や奥浩平のノートや日記であり、奥平剛士や安田安之の生き方そのものなのだ。

『カシアス・クレイ』・不安を打ち消す赤裸々な言葉

僕の内面を燃やすという点でいえば、ホセ・トーレスが書いた『カシアス・クレイ』の右に出るものはない。１９７２年刊行のこの本を、僕は大学時代に貪り読んだ。僕は今でも、ボクシングを人生のすべてが凝縮された最高のスポーツだと思っているが、この本がもたらした影響は大きい。

カシアス・クレイは言わずと知れた伝説のボクサー、モハメド・アリの最初の名前だ。カシアス・クレイが本名だが、「これは奴隷の名前だ」として、１９６４年にモハメド・アリと改名した。アリの先祖はアメリカ大陸に連れてこられた黒人奴隷で、当時は奴隷の所有者が名前をつける習慣があった。そのときにつけられた名前が「クレイ」で、アリはその名前を嫌ったのである。

本書ではアリの内面の葛藤が、自身もライトヘビー級世界チャンピオンだったホセ・トーレスによって描かれている。

本書の最後に作家で脚本家のバッド・シュルバーグが書いている「作家も拳闘家（ボクサー）もよく似ている。どちらも弱さを強さに変え、恐怖を自信に変えなければならない」という言葉には説得力がある。

アリは誰よりも臆病で、誰よりも練習を重ねるボクサーだった。その原動力となったのは、「俺はマットに這いつくばるかもしれない」という恐怖心だ。アリはそれを振り払うように鬼気迫るトレーニングを行った。そして恐怖の裏返しとして、挑発行為を繰り返した。戦う相手を「1ラウンドでマットに沈めてやる」と罵った。

リングに登場すると「蝶のように舞い、蜂のように刺す」と自ら言ったように、リングに上がるや素早く稲妻のように右足と左足を交差させて、ジャブを繰り出す。このパフォーマンスは「アリ・シャッフル」と呼ばれ、後世の語り草となっている。これによってアリは、自分の速さを見せつけ、相手の戦意を奪おうとしたのだ。

そして、崩れ落ちそうな恐怖を跳ね返し勝利すると「俺は世界一強い。俺は最高だ。俺は美しい！」と叫ぶのだ。

このエピソードには、アリの危うさ、弱さ、人間らしさがすべて凝縮されている。ボクサーも自分の不安を打ち消すためには、「言葉」が必要なのだ。ボクサーが試合前に絞り出す赤裸々な「言葉」。それに僕は痺れる。ボクシングとはこれほどまでに精神的なスポーツなのだ。

1960年にプロデビューしたアリは、またたくまにチャンピオンの座に駆け上がったが、1967年にベトナム戦争への徴兵を拒否したことから、ヘビー級王座を剥奪され、プロボクサーのライセンスを停止された。

その後、3年7ヶ月のブランクを経て、アリはリングに復帰する。

しかし、20代後半という、選手として最も脂の乗った時期にリングに上がることが許されなかったアリに対し、世間の視線は冷たかった。1971年に行われた復帰後初の世界タイトル戦は敗退。

1974年にはヘビー級史上最強のチャンピオンと評されたジョージ・フォアマンとの世界タイトルマッチに挑戦するが、ロンドンのブックメーカーは賭け率5：11でフォアマン有利と予想した。

試合はザイール（現・コンゴ民主共和国）のキンシャサで行われた。アリは1ラウンド以外、ゴングが鳴るのと同時に、ロープの位置まで後退し、ロープを背にしてフォアマンのパンチを受け続けた。

ほとんど打ち返さず、防戦一方の展開が続く。観客はレフェリーストップも時間の問題だと思い始めた。

しかし第8ラウンド残り16秒で、アリは反攻に出る。

パンチを打ち続けたフォアマンの息が上がっているのを見て取り、バランスを崩した一瞬の隙をついて身体をロープ際から入れ替えて、右・左・右・左・右の5連打を顔面に浴びせ、最後の右ストレートをフォアマンの顎深くに打ち込んだ。フォアマンはリングに崩れ落ち、劇的な奇跡の逆転ノックアウト勝ちを収めたのだ。

アリが実行した作戦――“rope a dope”は、「キンシャサの奇跡」という試合名とともに、ボクシング史に長く語り継がれることになった。

その後、彼は40代の手前まで現役を続け、１９８1年に引退した。ボロボロになるまで戦い切った姿は最高に美しい。

誰だって全盛期があれば、衰退期も必ず訪れる。しかしピークを過ぎたあとでも、過去の栄光に浸るのではなく、暗闇でジャンプする。圧倒的努力と覚悟を持てば、どんな逆境からでも巻き返せる。そうしたアリの生き方を予言した一冊だ。

ヘミングウェイ・「勝者には何もやるな」

ちなみに、アリについて思いを巡らせると、僕は必ず、ヘミングウェイの文学を思い出す。三笠書房の全8巻の『ヘミングウェイ全集』を大学時代に買って、繰り返し繰り返し読んだ。そのなかで「勝者には何もやるな」という小説がある。そのエピグラフとして書かれた言葉を、僕は今でも座右の銘にしている。

他のあらゆる争いや戦いと違って、前提条件となるのは、勝者に何ものをも与えぬこと――その者にくつろぎもよろこびも、また栄光の思いをも与えず、さらに、断然たる勝利を収めた場合も、勝者の内心にいかなる報償をも存在せしめないこと——である。

この一節は、衝撃的なメッセージだった。圧倒的な努力をして何かを勝ち取ったときに、「勝利」という事実以外何もいらないという彼の言葉に、心底共感した。

机の上には「勝者には何もやるな」と書いた紙を貼り、折に触れて読み返している。自著『編集者という病い』にもエピグラフとして引用したほどだ。

さらに僕の心を駆り立てたのは、『老人と海』だ。『老人と海』では、カジキマグロと老漁師サンチャゴの戦いが描かれている。釣り針にかかった巨大なカジキマグロと、サンチャゴは一人、2日2晩にわたる我慢比べを繰り広げる。そして最後は勝利するのだが、獲物が大きすぎて舟に引き上げられず、横に縛り付けて港に戻ることにした。今度はカジキマグロの血に誘われて、サメが続々と舟を襲ってくる。結局港に戻るころには、カジキマグロはサメに食い尽くされたという話である。

サンチャゴはカジキマグロやサメと戦うなかで、過去の人生のシーンを思い出し、自分の生きる意味について考え始める。そして淡々と、獲物に向かってベストを尽くす。感情に流されず、妥協を嫌うハードボイルド小説の嚆矢(こうし)となった作品だ。

僕はヘミングウェイの生き方が好きだ。彼は女を愛し、旅を愛し、酒を愛した。作品や伝記から伝わってくる、朝はブラッディマリーを飲むライフスタイル、闘牛やボクシングに賭ける情熱、戦線に出向き、猟に向かう男らしさ、官能と死をくっきりと対比させる生き様に僕は憧れた。

何より共感したのは、彼が61歳のとき、老いてだらしなくたるんでいる身体に絶望して、ライフル自殺したというエピソードだ。死の数ヶ月前、彼は友人のホッチナーに宛てた手紙で、自分の肉体が意思どおりに動かなくなったら、人間は生きていても仕方がないという意味のことを書いている。そして実際に、自宅で椅子に腰かけ、前屈し銃を口に突っ込み、足の親指で銃の引金を引くと、自らの顔をライフルで撃ち抜いてこの世を去った。

激烈な生と激烈な死。光と影。こうした表現が、彼の人生ほどふさわしいものはない。今でこそそうした考えもなくなったが、僕もずっと「自分はいつか自殺するだろう」と思っていた。それほどまでにヘミングウェイが与えた影響は大きかったのだ。

ヘミングウェイに触発され、僕は27歳から37歳までの時期にウエイト・トレーニングに傾倒した。「身体が締まっていなければ、意志もたるんでしまう」と考えたからだ。週に1度の休息日を除いて毎日トレーニングを行い、１２０キロのベンチプレスを持ち上げ、自分を徹底的に追い込んでいった。

苦しいトレーニングの最中、僕がつぶやいていたのは「勝者には何もやるな」という言葉だ。

身体をビルドアップすることは、自分が苦しんだぶんだけ必ず成果が出る。仕事に比べて、なんとわかりやすいことか。トレーニングを終え、「これでまた、自分は戦える」と思ったときの充実感は何物にも代えがたい。

ウエイト・トレーニングの影響で肩を痛め、現在ではロングブレスを中心とした自重トレーニングに切り替えているが、それでも少なくとも週に2～3回、多くて4回、ジムに通っている。僕はヘミングウェイの没年である61歳をはるかに超えてしまった。しかし依然として、身体がだらしなくたるんでいる状態では、仕事という戦場で戦えないと思い、苦しいトレーニングに励んでいる。

激烈で強固な意思で生に向き合うとはどういうことか、ヘミングウェイの文学はそれを教えてくれる。

廣済堂出版に入社・編集者となる

話を大学時代に戻す。大学生活も終わりに近づき、就職について真剣に考えるべきときが来ていた。学生運動に熱中し、読書に耽溺していた僕だったが、なりたかった職業は編集者ではなく、テレビ局のプロデューサーだった。なぜなら当時は、テレビというメディアにいちばん勢いがあったからだ。

大学生なんてまだ子どもだから、深い考えがあったわけではない。「なんだかテレビって世の中を動かしてるみたいで、面白そうだな」というくらいで、ドラマのプロデューサーになりたいと思っていた。プロデューサーとディレクターの違いもわかっていなかった。

好きだったドラマは、『若い季節』『陽のあたる坂道』『おくさまは18歳』『ミスター・エド』『逃亡者』など。『陽のあたる坂道』には衝撃を受けた。そのドラマで小川知子を好きになり、この人と付き合いたいなどと勝手なことを思っていた。

しかし当時の放送局では、一般の新卒の募集がなかった。そのなかで唯一NHKだけは公開試験があったので受けに行った。僕の父方の祖父が、当時のNHKの理事の面倒を学生時代にみたことがあるとわかって、もう祖父は死んでいたが、「なんとかNHKに入れてくれ」と頼みに行った。「筆記試験に通らないといかんともしがたい」と言われ、結局、筆記試験で落ちてしまった。

大手の出版社も何社か受けたが、まったく歯が立たない。出版社の大手はもともと採用人数が少なく、逆に志望者は多い。入社できるのは宝くじに当たるようなものである。しかも僕の大学時代は、学生運動と読書ばかり。それに恋愛と麻雀がついてくる。授業にはろくに出ていない。成績はAの数が4つしかなかった。

出版社は7社受けたが、新潮社や小学館など大手はすべて落ちてしまった。落とした出版社は見る目がなかったとも思うが、成績だけ見たら落とされてもしょうがない状態だった。

7社受けた出版社のうち、最終面接まで残ったのは、倍率がそれほど高くなかった紀伊國屋書店出版部と廣済堂出版の2社だった。

紀伊國屋書店は、出版部をいずれ廃止するという話だったので、最終面接には行かなかった。すると電話がかかってきて、「あなたは優秀だから採りたい。面接に来るだけ来てくれ。そうしたら必ず通すから」と言ってもらった。だが出版部がなくなれば、編集の仕事はできない。

書店員になるのも悪くないと思ったが、結局、最終面接には行かず、1973年、先に内定をもらっていた廣済堂出版に入社した。

入社してすぐに上司から企画をもらって担当したのが、『10万円独立商法』というソフトカバーの本だった。著者は三宅竹松という非常におめでたい名前の人。体重が130キログらいある巨漢で、今から思えばまだ45歳ぐらいだったはずだ。彼は自分で職業技能振興会という財団法人を作り、その理事長を務めていた。この財団の目的は、人々に資格をとらせて起業させること。10万円あれば資格がとれるから、それで独立しようという彼の主張を本にした。

その本が書店に並んでしばらくすると、スポーツ新聞の記者から、『10万円独立商法』の担当編集者につないでくれという電話がかかってきた。

「東京スポーツ新聞社の高橋三千綱と言います。『10万円独立商法』を紙面で取り上げたいんですけど」

たとえ小さい記事でも、取り上げてもらえば本のいい宣伝になる。さっそくその高橋と名乗る記者と会ったら、なんと新聞の1ページを割いて紹介するという。新聞広告を出せば何百万円もするのに、向こうから記事として取り上げてくれれば無料である。さっそく著者の三宅竹松氏にそのことを報告した。

「見城さん、それなら5万円差し上げますから、そのお金で東京スポーツの高橋さんを接待してください。あとで領収書を持ってきてくださいね」

その5万円で高橋三千綱と飲んだのが、僕の人生初の接待となった。社会人になったばかりで「接待」も「領収書」という概念もなかった僕は、「ああ、仕事って、こうやって進んでいくのか」と妙に感心してしまった。

そんなある日、朝日新聞を見ていたら、文芸時評という欄に、「今回、群像新人賞をとった高橋三千綱氏の『退屈しのぎ』は、今までの日本の風土になかった乾いた作品で、新鮮である」などと書いてある。作者の写真も載っていた。一緒に飲んだあの高橋三千綱に相違ない。僕は驚いて彼に電話をした。

「群像新人賞を受賞したという高橋三千綱って、あなたですか？」

「そうだよ」

「じゃあ、受賞のお祝いをしましょう」

こうして高橋三千綱と再会したことをきっかけに、僕は彼とよく飲むようになった。高橋三千綱は、作家の中上健次を紹介してくれ、やがて作家の立松和平も仲間に加わった。４人で毎日のように新宿ゴールデン街で飲んだくれた。

作家の世界を垣間見るようになった僕は、やはりハウツー書や実用書より、文芸書の編集者として彼らに寄り添いたいと思うようになっていた。しかしそれは廣済堂出版にいては不可能だった。そこで、徐々に退社の意思が芽生え始めてきた。

とはいえ、突然文芸編集者になれたわけではない。

廣済堂出版に入社してまだ1年もたたないある日。僕はのちに妻となる女性と一緒に新宿御苑を歩いていた。新宿御苑の近くに、白鳥ビルという雑居ビルがあった。そこに「公文式算数研究会」という看板が出ている。

そのころは公文式も今のように有名ではない。公文を「クモン」と読めず、「コウブン」と読むのかなと思った。数学ではなく、算数を研究するというのも不思議で、その看板がなんとなく印象に残っていた。

それから2、3日たったある朝、朝日新聞に「公文式算数教室　指導者募集」という名刺大の広告が出ていた。公文式算数教室には、子どもに算数を教えるための独自のノウハウがあり、その指導者に応募して合格すると、本部からテキストを渡され、自宅などで生徒を集めて勉強させることができるようになる。いわば学習塾のフランチャイズのような仕組みだとわかった。

これは面白い。本になるのではないか、と僕は直感的に思った。

僕はすぐに、その広告にあった番号へ電話をかけた。しかし電話口で「本を作りたい」と言っても向こうはあまり意図を理解してくれなかった。そこで僕は、すぐに公文式算数研究会が入る雑居ビルを訪ねていった。

当時の社員は20人ほど。まだ小さな会社だった。そこで僕はなぜ本を作りたいのかを力説した。本当は口からでまかせだ。まだ公文式のノウハウも詳しく聞いていないのだから。

「おたくのノウハウを公開して本にしましょう。生徒の保護者にも購入を勧めてください。そうすれば、ベストセラーになります。ベストセラーになれば入会者があふれんばかりに来ますよ」

当時、公文式の会員は5万人。その6割が本を買ってくれれば、廣済堂出版の利益は十分保証される。生徒の親に買ってもらうというのは、コネを利用することであり、別の言葉でいえば、癒着だ。僕は常々、「癒着はベストセラーの条件だ」と言っている。この条件を満たしていたのだ。

僕がこう力説すると、向こうも、「そういうものですかね」といぶかしがりながらも、とにかくやってみようということになった。僕の編集者人生において、自分で企画した初めての本づくりがスタートした。

相談した結果、実際に原稿を書く作業は、岩谷清水（いわたにきよみ）という公文式の指導部長が担当することになった。指導部長だから公文公（くもんとおる）会長のノウハウを全部引き継いでいる。岩谷指導部長が原稿を書き、最終的なチェックのときだけ公文会長が見ることになった。しかし岩谷さんも本を書いたことなどないから、結局、半分近くを僕が書いた。

こうして僕、岩谷さん、公文会長の手によって完成したのが、１９７４年刊行の『公文式算数の秘密』である。

これはまたたくまに38万部のベストセラーになった。初めて企画した書籍で、いきなりホームランを飛ばしたのだ。売れに売れて、教室に子どもを通わせたいとか、自分で教室を開きたいという電話が殺到して、本部の電話が鳴り止まなくなった。僕が用事があって電話をかけても、ずっと話し中でまったく電話が通じない。携帯電話などなかった時代である。

編集者の武器は「言葉」だけだ

今思えば、公文式にはベストセラーになる条件が揃っていた。

まず、オリジナリティーがあること。公文式は独自のノウハウで教師に教え方を指導していて、教材も自分たちで作っているのだから、オリジナリティーがある。オリジナリティーがあるということは、極端だ。そして極端なものは明解である。さらに数万人の会員を持っているという癒着もあった。

僕はいつも、「売れるコンテンツの条件は、オリジナリティーがあること、極端であること、明解であること、癒着があること」と言っている。

とはいえ、これはあくまでも結果的に導き出した法則にすぎない。この4条件を知っているからといって、それだけでヒットが出せるわけではまったくない。

作家をパートナーとする編集者が本を作ろうとすれば、自分が魅力的な人間であることによってしか仕事は進行しない。つまり、どれほど相手に突き刺さる刺激的な言葉を放ち、相手の奥底から本当に面白いものを引き出すか。ただそれだけなのである。

これは、テクニックでなんとかなるものではない。問われているのは、今までの自分の生き方そのものだ。生きてきた人生のなかで培った言葉が、相手の胸を打つかどうかだ。僕の場合はたまたま廣済堂出版の新入社員だったころから、無意識にできていたが、それはまぎれもなく、学生時代からの膨大な読書体験と、「革命闘争からの逃避」という挫折体験がもたらしたものだ。

僕は人と会うときは、常に刺激的で新しい発見のある話、相手が思わず引き込まれるような話をしなければいけないと思っている。たとえ30分でも僕と会った人には、「見城さんって、何度でも会いたくなる面白い人だね」と言われなければ絶対に嫌なのだ。

これは僕の病気なのだ。「編集者という病い」である。

言葉とはその人の生き方だ。言葉を持っている動物は人間しかいない。生き方から搾り出されてきたものが言葉であり、そして自分の発した言葉がまた自分の生き方をつくっていくのだ。

編集者の武器は言葉しかない。もちろん作家を口説くために、相手のことを徹底的に調べるとか、全作品を読み込むとか、いろいろな努力の仕方はあると思う。しかし手紙を書くにしても、会って何か言うにしても、最終的な武器は言葉だけだ。

出版とは虚業である。たとえば石油や鉄などの原料を仕入れて、それを加工して工業製品を作るのとはわけが違う。人の精神という目に見えないものを、商品に変えて流通させ、それを何億もの金に変える商売だ。こんな商売はいかがわしいとしか言いようがない。

それを誠実な営みとして成立させるには、編集者の生き様が厳しく問われる。編集者の仕事とはそういうものである。

努力は圧倒的になって初めて意味がある

高橋三千綱と知り合い、彼の紹介によって中上健次や立松和平など作家たちと夜な夜な飲むうちに、僕はあることを痛感した。それは「自分には作家の才能がない」ということだ。

実をいうと、僕自身にも作家になりたいという気持ちがあり、高校から大学にかけて小説のようなものを書いていた。しかし、すでに作家として活躍している彼らと一緒にいると、自分には才能もないし、彼らのように「書かずには救われない」という強烈な情念がないことを思い知らされた。

彼らが本物だとしたら、自分は偽物だ。だったら自分は、文芸編集者として彼らをアシストし、プロデュースして、世間に広く流通させる仕事がしたい。そう思うようになった。だがそれは廣済堂出版に勤めている限り無理だ。なんとかして、文芸誌を出している出版社に転職したいと思うも、そう簡単には門戸は開かれない。

僕の親友に、のちに太田出版の社長になり、僕の書いた『編集者という病い』を出版してくれることになる高瀬幸途がいる。高瀬はそのころ、ユニ・エージェンシーという海外出版物の版権代理店に勤めていた。彼の上司が角川書店の角川春樹さんと同じマンションに住んでいて、仲がいいという。

僕は彼のつてをたどって、角川春樹さんを紹介してもらった。しかし角川書店に入りたいという僕の頼みは、いったん断られてしまう。

無理もなかった。『公文式算数の秘密』を38万部のベストセラーにした実績があったとしても、まだ1作しか売れる本を作っていないのだから。

でも僕の必死さに何か感じるところがあったのか、ふと春樹さんが、「アルバイトならいいよ」と言ってくれた。アルバイトといっても編集の仕事ではなく、いわば個人的な使い走りである。

春樹さんはそのころ、古代の船を現代に再現して、それに乗って『魏志倭人伝』に記述されているとおり朝鮮半島から壱岐・対馬に渡り、九州までの航路をたどるという冒険の旅をしようとしていた。できうる限り当時とまったく同じ船を作り、当時の漕ぎ方で、『魏志倭人伝』に〝陸行何日、水行何日〟と書いてあるのが本当かどうか、検証する冒険の旅に出ようとしていたのだ。

その旅の準備をする事務局に人が足りないから、そこでのアルバイトとしてなら雇ってもいいという。

今思えば酔狂な企画だが、これはチャンスだと思った。１９７５年、僕は廣済堂出版を退職し、角川書店でアルバイトを始めた。24歳のときのことである。

角川春樹さんが乗り込む古代船は「野性号」と名付けられた。僕がアルバイトをする事務局は、「野性号事務局」という名前になった。事務局に常駐しているのは事務局長とアルバイトの僕の二人。ところがこの事務局長が、ものすごく変な人だった。

考えてみれば当たり前である。こんな酔狂な企画に使われる人だから、会社の戦力からはみ出した人が選ばれるに決まっている。その人があまりにも的外れなことしかしないので、結局ただのアルバイトの僕が、中心となって働かなければならなくなってしまった。

旅の様子を記録して航海記を出すことが決まっていたので、カメラマンを手配したり、同船して記録を残す人を手配したり、船の漕ぎ手を手配したりと、やたらに忙しい。朝鮮半島を出発した船が壱岐・対馬に着いたら、そこで乗組員たちをどういうふうに過ごさせるかなど、宿泊先も決めなければならない。

日本政府と韓国政府に航海許可を取るという政治的な仕事もした。海上保安庁にも交渉したし、記者会見の手配もした。

春樹さんからは無理難題が降ってくる。やはり釜山からしか出航したくないとか、韓国の宿泊施設はトイレが水洗じゃないところもあるから、水洗のホテルを探せとか。作家の高橋三千綱がレポートを書くために同船したが、「こんな辛い航海はない」と途中で音を上げる。それでも「高橋さん、お願いしますよ」と頼み込んでだましだまし乗ってもらい、航海記を書いてもらう。

24時間寝ないで働いて、最後は血の小便が出た。

よく僕は「圧倒的努力をしろ」と言う。「圧倒的努力ってどういうことですか」と聞かれるけれど、圧倒的努力とはそういうことだ。人が寝ているときに眠らないこと。人が休んでいるときに休まないこと。どこから始めていいかわからない、手がつけられないくらい膨大な仕事を一つひとつ片付けて全部やり切ること。それが圧倒的努力だ。

努力は、圧倒的になって初めて意味がある。

実践しなければ読書じゃない

そうこうするうちに角川春樹さんが航海から帰ってきて「野性号の航海がうまくいったのはお前のおかげだ。ついてはお前を社員にする」と言ってくれた。

僕はよく「人は自分が期待するほど、自分のことを見ていてはくれないが、がっかりするほど見ていなくはない」と言う。ちょっとした成果ではまわりは気づいてくれないかもしれない。しかし、粘り強くいい仕事をし続ければ、必ず誰かが見てくれているものなのだ。

僕が角川書店にアルバイトで入ったのが1975年5月。社員になったのはその年の8月だった。配属はどこがいいか希望を聞かれて、できたばかりの「野性時代」という文芸誌の編集部を希望した。僕は晴れて文芸編集者になった。

僕はそれから、春樹さんにたくさんのことを学んだ。春樹さんがどんなに無茶な人であろうと、無理難題を言おうと、春樹さんは僕の師であり、僕はこの人に恩義があると思っている。

だから、今も上司と部下というスタンスは変えない。たとえば春樹さんから僕に何かを頼みたいと連絡があり、「頼みごとだから自分が出向くから」と言われる。しかし僕はそんな

ときでも、

「社長、やめてください。僕が参ります。僕は一生あなたの部下ですから」

と言って春樹さんを訪ねる。

今でこそ当たり前になっているが、映画とその原作を一緒に売るというやり方は、角川春樹さんが始めたことだ。それまでは出版社が映画を作るなど考えられなかった。失敗すれば倒産するようなリスクを、彼は承知で挑戦したのだ。

リスクとは、絶対に不可能なレベルに挑戦することをいう。そうでなければリスクとは呼べない。また、それくらい無理なことをしなければ、鮮やかな結果など出ない。ほぼ勝つに決まっているところで勝負して勝ったところで、鮮やかとは言えない。そして鮮やかに結果を出していれば、それまで無名であってもブランドになる。ブランドになりさえすれば、あとからビジネスも金も人もついてくる。鮮やかな結果が百、千と重なったときに、その人は伝説になる。角川春樹さんは、高いリスクを冒して結果を出し、「カドカワ」というブランドを作り上げていった。

出版のほうでも業界の常識を破り続けた。たとえば文庫をくるむカバーを初めてつけたのは春樹さんである。それまでは半透明のパラフィン紙で包むだけだったので、まったく目立たなかった。それが色鮮やかなカバーをつけるようになったことで、書店の平台に置かれるようになったのだ。

そういう革新的な仕事のやり方を、僕は春樹さんから学んだ。学んだというより、「体感した」というほうが正しい。僕は春樹さんの喜ぶ顔が見たくて仕事をしていたし、春樹さんも僕を信頼してくれていたと思う。

僕は入社の経緯が「野性号事務局」のアルバイトだったことから、24歳のときからずっと角川春樹さんの直属の部下のような関係にあった。「野性時代」という文芸誌の編集部に配属になってもそれは変わらない。

角川書店本社は飯田橋にあるが、「野性時代」編集部だけは分室のような感じで当時、九段下にあった。本社とは歩いても10分ぐらいの距離だが、春樹さんからは毎日のように電話がかかってくる。

「これからメシ食いに行こう」

「いや僕、仕事があるんですけど」

「俺といるほうが重要だろう」

いつ呼ばれるかわからない。仕事をほかの人に代わってもらえるときなど、事情が許せばいいが、先約を急に断らなければいけないのには弱った。

春樹さんは女性と会うときも僕を連れていった。作詞家の安井かずみさんと付き合っていたころは、僕と一緒に伝通院の近くの彼女のマンションに行き、春樹さんと彼女は二人で寝室へ消える。二人が戻ってくるのを、僕はリビングでレコードを聴きながら待っているのだ。

安井かずみさんが作詞家という仕事柄、そこには南佳孝や山本達彦など、まだ当時は誰も知らないようなミュージシャンのアルバムが揃っていて、それを聴きながら待っている間に、僕はずいぶんポップスに詳しくなった。

アルバムを2枚聴き終わってしばらくすると、「待たせたな」と言って春樹さんと安井さんが部屋から出てくる。そして彼女の運転するベンツで、飯倉のイタリア料理店・キャンティに行ってご飯を食べるのだ。

こうして僕は、春樹さんの直属の部下として、文芸編集者の道を歩み始めた。

20代。僕はエネルギーに満ちていた。どんな無理難題でも強引にねじ伏せてみせるという闘志にあふれていた。しかし、自分は偽の人生を生きているという罪悪感とやるせなさは常にあり、自分が望んだ自分の人生の浅薄さに常に苛立っていた。それが反動となってまた仕事に向かう力になっていた。

こういった僕の生き方に、読書はやはり決定的な影響を与えている。本とは単なる情報の羅列ではない。自分の弱さを思い知らされ、同時に自分を鼓舞する、現実を戦うための武器なのだ。僕は無謀な挑戦をする前には必ず、高橋和巳や吉本隆明、ヘミングウェイらを読み返す。高野悦子や奥浩平らを思い出す。奥平剛士や安田安之。僕が続くことができなかった思想を貫いた者たちの生き方を思うたび、僕は一歩前に進む力を得ることができるのだ。ビジネスやトレーニングなど、彼らの戦いに比べたら生ぬるい。

ある意味、現在まで続いている僕の人間性は、この時期につくられたと言っていい。

第3章

極端になれ！

ミドルは何も生み出さない

僕は角川春樹さんの計らいで「野性時代」編集部に配属され、念願叶って文芸編集者になることができた。我ながら水を得た魚のように仕事をした。

「野性時代」という文芸誌は、エンターテインメントと純文学を混在させる新しい雑誌だった。当時、他社では、講談社が純文学の「群像」とエンターテインメント系の「小説現代」、同じく文藝春秋が「文學界」と「オール讀物」、新潮社が「新潮」と「小説新潮」などの文芸誌を出していたが、どれもA5判の大きさだった。

そのなかで「野性時代」だけが唯一のB5判。週刊誌と同じ大きさだから一回り大きい。その上、枕代わりになるほど分厚い。ということは物理的に一冊あたりの活字の量が多いということにほかならない。そして目玉として「長編一挙掲載」が毎号ある。その7割を僕が担当していた。今振り返れば、いったいどうやってこなしていたのだろうと思うほどの仕事量だ。

文芸編集者になり、僕にはどうしても仕事をしたい作家がいた。学生時代から愛読してきた五木寛之と石原慎太郎である。そして彼らと仕事をするために、僕は1日24時間働いた。

五木寛之・「差別構造」を想像力の産物として描き出す作家

五木寛之は社会に横たわる差別構造を鮮やかに描き出す作家だ。ストーリーの土台として、大国と小国、男と女、メジャーとマイナー、都市と辺境、常民と流民といった対比を据え、持つ者と持たざる者の鮮烈な光と影を浮き彫りにしている。差別こそが感動の根源であることをこれほど理解している作家はいない。

総じて作家は、初期の短編群にその人の資質が表れる。五木寛之であれば、白眉とも言える作品は、1967年刊行の『さらばモスクワ愚連隊』である。

この小説は、五木寛之がモスクワに行ったときに経験した出来事を元にしている。モスクワに出張した元ジャズピアニストの日本人が、ソ連では反体制の音楽とされるジャズに興味を持つ非行少年ミーシャと出会い、心を通わせていくストーリーだ。作中には、貧しい非行少年が好意を寄せるお金持ちの少女や、ミーシャを止めようとするエリートの兄、日本人の主人公やアメリカ人の学生が登場し、富める者と貧しい者、体制派と反体制派、資本主義と社会主義といった二項対立の構造が下敷きにされている。

この構造は同じく初期の短編小説『GIブルース』や『海を見ていたジョニー』にも通じている。僕がこれらの本を夢中で読んだのは高校時代から大学時代にかけてだが、どの社会にも必ず存在する差別の構造、区別の構造を無意識に学んだ。そして、差別の構造とはここまで感動をもたらすのかと、おぼろげながら思ったものだ。

すべての人々が一枚構造であることなどあり得ない。社会があれば必ず、階層があり、差別する者と差別される者が存在する。そうした現実を理解した上で、自分に何ができるのかを真剣に考えた。

長編小説も読み応えがあるものが多い。『戒厳令の夜』は、史実とフィクションを見事に融合させた傑作だ。パブロ・ピカソ、パブロ・カザルス、パブロ・ネルーダ、パブロ・ロペスという4人のパブロと名のつくアーティストを登場させ、彼らの作品を中心としてストーリーが展開されていく。最初の3人は実在の人物だが、最後のパブロ・ロペスだけはフィクションの人物である。チリをモデルにした架空の国家が舞台となっているこの小説は、アメリカのCIAがチリのアジェンデ政権の崩壊を目論んだという史実を元にしながら、先進国と発展途上国の差別構造を描き出している。

また『風の王国』も面白い。ここに登場するのは、各地の山々を放浪しながら、狩猟採集によって生活をしていた「サンカ」と呼ばれる人々だ。実は昭和時代まで、こうした人々が実際に日本に存在していた。そしてサンカは、定住民である一般の人々からは忌み嫌われていた。『風の王国』を読めば、サンカという知られざる非定住民の世界や、当時の日本社会が彼らに対してどのような視線を送っていたかが深く理解できるだろう。

差別の構造を引くことで、小説は鮮やかで、ドラマチックな感動をもたらすものになる。

それはすなわち、主流派が支配する社会やメディアが隠蔽したい構造を、想像力の産物としてリアルに描き出しているからにほかならない。

憧れ続けた五木寛之との仕事

こんな読書体験があったので、僕はどうしても五木さんと仕事がしたかった。しかし五木さんはすでに大物作家。これまで角川書店と新作で仕事をしたことは一度もなかった。「野性時代」に配属された僕が自分に課したルールは、とにかく、人ができないことをやろうということだった。上司や同僚ができることをやっても、僕がいる意味はない。他の人ができないこととはつまり、角川書店とは仕事をしない作家たちの原稿を取ってくることだ。いつも角川書店と仕事をしている人の原稿をもらいに行っても、何の意味もないと思っていた。

だからこそ、僕は五木さんを落とすことに決めた。ありとあらゆる手段を使って、必ず五木さんを振り向かせる。当時の僕は駆け出しの文芸編集者だったが、まだ経験が足りないといったことはまったく考えず、とにかく前のめりに力を尽くすことにした。

作家に依頼するときの基本は、今も昔も手紙である。今ではメールやSNSでの連絡もできるが、当時は手紙がほぼ唯一の連絡手段だった。住所はわかるから手紙を出すことはできる。問題はどんなことを書くかだ。「うちで書いてください」だけでは通用しない。

そこで僕は、五木さんのすべての作品を読み、感想を手紙にしたためて送ることにした。書き下ろし長編小説が出ても、小説雑誌に短編が載っても、週刊誌に対談が載っても、どこかにエッセイが出ても、そのすべてを精読し、それが発売されてから5日以内に感想を書いて出す。5日という期限は五木さんの「五」にちなんで決めた。

僕は常々言っているのだが、感想こそ人間関係の最初の一歩である。結局、相手と関係を切り結ぼうと思ったら、その人のやっている仕事に対して、感想を言わなければ駄目なのだ。しかも「よかったですよ」「面白かった」程度では感想とは言えない。その感想が、仕事をしている本人も気づいていないことを気づかせたり、次の仕事の示唆となるような刺激を与えたりしなければいけない。

だからこそ「言葉」は武器なのだ。豊富な読書体験を経なければ、武器となる言葉は獲得できない。人を動かすには、一にも二にも頭がちぎれるほど考えて、言葉を選択するしかないのだ。

たとえ対談や短いエッセイであっても、それを書いた本人に向けて感想を書くというのは、真剣に取り組めばものすごくきつい作業だ。でもそれをやり続けない限り、五木さんは僕に振り向いてくれない。角川とは新作の仕事をしないのだから、僕という個人に振り向いてもらうしかない。

僕は43年の文芸編集者生活を通じて、会社の看板や肩書きで商売をしないということを徹底して心がけてきた。すべて見城徹という個人として仕事をしてきたつもりだ。だからのちに幻冬舎をつくったときも、まったく無名の幻冬舎に錚々たる作家が書いてくれたのだ。それは見城徹という個人と信頼関係があるからにほかならない。

当時もそんなふうに思って、五木さんに手紙で感想を送ることを始めた。

しかしいざやってみると実に大変だった。通常の業務も忙しいのに、売れっ子の五木さんの発表するものをすべて読まなければいけない。5日以内に届くように手紙を書くには、速達で出すとしても、2日か3日で作品を読み、1日で感想を書かなければならない。時には6日目、7日目になってしまったこともある。しかし基本的に5日以内を守り続けた。

会うことも叶わない五木さんにもし会えるときが来て、「君、あれだけ手紙を書くのは大変だっただろう」と言ってもらえたら、「5日以内に届くように書いていたんです。五木寛之さんですから」と言いたいがために。

17通目の手紙を出したころ、不意に1枚のハガキが届いた。

「いつも、よく読んでいただいてありがとうございます」

差出人の名前には「五木寛之内」と書いてあったので奥様の代筆だとわかったが、僕は嬉しさのあまりそのハガキを持って編集部の机のまわりをグルグル回った。届いているのだ、読んでくれているんだと初めてわかった。なにしろそれまでは、読んでくれているかどうかすら、わからなかったのだ。

徹夜してフラフラになりながら手紙を書いた。何度も何度も書き直しながらやっとの思いで感想を書く。もう夜中になっているが、ポストに投函しに行く。しかし意識が朦朧(もうろう)としているので、たった今自分が封書をポストに入れたかどうか、急に自信がなくなってくる。

「あれ、今これ出したよな？　ポストに入れたよな？　もしかしたら途中で落としてしまって、入れていないかもしれない」

わけのわからない不安が襲ってくる。僕は入れたと思ったが、それは錯覚かもしれない。頭がおかしくなっているから、明け方、その日1回目の集配の方が来るのをポストの前で待っている。

「すみません、このなかに僕の書いた封書、入ってますよね」と聞き、怪訝そうな顔をされたこともあった。

これだけ血を吹き出して、へとへとになりながら書いた手紙が届かなかったら、死んでも死に切れない。だからいつも、パンパンと柏手を打ってから、祈りを込めてポストに入れていた。そんな手紙を読んでもらえていたとわかったのは、本当に嬉しかった。

25通目の手紙を書いたあと、ついに五木さんに会えることになった。場所はホテルオークラのロビー。あの憧れ続けた五木寛之の顔が目の前にある。

「君、あれだけの手紙大変だったね」

「いいえ。ただ僕は、なんとしても五木先生と仕事がしたいんです」

「うん、やろう」

返事は短かった。もうそれまでの手紙で、何百という言葉を費やしてきて、それだけのものが胸に届いているから、言葉を弄する必要がなかったのだ。

「やろう。僕は角川と初めてちゃんと仕事をする。新作を書くよ」と言ってもらえて、「燃える秋」という小説の連載が始まった。１９７７年のことだった。

この作品は単行本だけで約50万部売れて、東宝で映画化された。主演は北大路欣也と真野響子。イランのペルシャ絨毯に魅せられて、絨毯を織ることに人生を賭けようと、恋人と別れてイランに旅立つ女を、恋人が追っていくというラブストーリーだ。

五木さんと二人でイラニアン航空に乗ってイランまで取材に行くこともできた。イランの絨毯工房のなかは真っ暗で、作業をするところにだけ強い光が差し込んでいる。光と影が強いコントラストを描いているなかに、年齢のまちまちな10人ぐらいの女性が並んで座り、丹念に絨毯を織っていく。

1枚の絨毯ができるのに、30年から50年かかることもあるという。つまりペルシャ絨毯は一人の女の一生を吸い取って、美しく織り上がるのだ。これは感動的な小説になる。

ペルシャ絨毯に魅せられてイランに旅立つ女。それを追いかけていく男。しかし情緒に流されず、女は自分の生き方を貫く。そんな頭でっかちの女がいてもいいじゃないか、義と信念に生きる女がいてもいいじゃないかという小説である。それが五木さんと僕の最初の仕事になった。

一緒にイランに旅をしてからは、どんどん親しくなっていった。それ以降も五木さんとの関係は続き、角川時代にいちばんヒットしたのは、『雨の日には車をみがいて』という作品だ。僕がのちに「月刊カドカワ」という雑誌の編集長になったとき、「じゃあ、お祝いに何か連載を書くよ」と言って五木さんが書いてくれたものだ。

主人公はメルセデスベンツやポルシェなど1台の車。それに乗る人たちの物語を9話書いてもらい、これがまた爆発的に売れた。五木寛之は本当に書けば売れる作家だった。

石原慎太郎・個体の快楽と掟

もう一人、僕が高校時代から影響を受けてきたのが、石原慎太郎である。『太陽の季節』『完全な遊戯』『処刑の部屋』といった初期の短編小説は、暴力とエネルギーと野心に満ちた傑作である。

『太陽の季節』は裕福な家庭に育った男子学生・竜哉が主人公で、ボクシングに熱中したり、街で声をかけた少女・英子と肉体関係を結んだりする様子が描かれている。やがて、英子に飽き、ぞんざいに扱うようになった竜哉は、兄に彼女のことを５０００円で売る約束をする。英子はそれを知って悲しみ泣くが、同時に竜哉の子どもを身ごもっていることが発覚する。英子は妊娠中絶手術が失敗して若くして亡くなり、竜哉は遺影に香炉を投げつけ、涙を見せるというストーリーである。

『太陽の季節』は１９５５年の芥川賞受賞作となったが、実は受賞時には選考委員の間で賛否両論が巻き起こった。ある委員は「あまりにも非倫理的だ」として受賞に反対し、ある委員は作品にみなぎるエネルギーや若さを評価した。僕はいうまでもなく、後者の委員と同じ感覚を持っている。石原慎太郎の描く世界はあくまでも創造力が紡いだ文学作品であって、一つのストーリーである。それを「現実に置き換えたら非倫理的だ」と非難するのはまったくのお門違いだ。

むしろ僕は、この作品を読み、鳥肌が立つほどの感動を覚えた。これほどまで個体の快楽と掟を生き生きと表現した作品があるだろうか、と。共同体とは無縁に生きようとする、個体のエネルギーに満ち満ちている。

石原慎太郎の文学は、常に賛否両論を巻き起こしている。同じく初期の短編小説『完全な遊戯』は、さらに過激なストーリーだ。主人公とその友人は、雨の降る夜中にドライブをしている途中、バス停に一人立っている若い女を見つける。女に声をかけて車に乗せると、女はどこか精神疾患を抱えているようなそぶりを見せる。女の外見を気に入った主人公は、別荘に女を連れていき、仲間を数人呼んで輪姦する。そして最後は、存在が面倒になり、崖から突き落として殺すという内容だ。

しかし僕は、ここまで賛否両論を巻き起こす作品を書けること自体が、石原慎太郎の才能の表れだと考えている。文学作品は想像力が現実を凌駕しなければ意味がない。リアリティのある「極端」が必要なのだ。それは生き方においても同じである。極端に貧しいか、極端に豊かなものからしか、人の心を揺さぶる表現は出てこない。その意味で『完全な遊戯』は、豊かな家庭に育ち、若いエネルギーを持て余し、想像力を溜め込んでいた石原慎太郎だからこそ書けた作品だろう。

僕が戦うときに鼓舞される作品は『処刑の部屋』である。不良同士の戦闘を描いた作品で、主人公は野心をむき出しにし、敵対する不良に戦いを挑む。小説の冒頭は以下のエピグラフから始まる。

抵抗だ、責任だ、モラルだと、他の奴等は勝手な御託を言うけれども、俺はそんなことは知っちゃいない。本当に自分のやりたいことをやるだけで精一杯だ。

やがて敵対する不良グループと戦うなかで、主人公は半殺しの目に遭う。血まみれになり、骨は砕け、指がちぎれかかりながら、主人公は最後まで、自分の目指すものに近づこうとする。そして、息絶え絶えになりながら「俺の戦いはこれからだ」とつぶやく。

俺は今そいつに、確かに近づいている。俺はそいつを超えてやる。ぶち勝ってやる。それでもこれが夢か、みんな悪い夢だと言うのか。冗談じゃない、俺は俺の思うことをやったんだ、精一杯な。俺は少くとも真面目だったさ。その決算は、答は、吉村の好きな結論は、俺には見えかかった何かのそいつは、未だだ、未だこれからずっと先だ。

左掌で傷口をおさえ、指の千切れかかった右掌で小路の地面を掻きながら裏通り目指して、彼は少しずつ這って行った。

このラストを読むたびに、僕は息を飲まざるを得ない。これほどまでに血の匂いと生きる意志を感じさせる表現はあるだろうか。文学の意義は、想像力によって読者を鼓舞したり慰撫したりする点にあると僕は考えている。そして、作品と読者の心がシンクロしたときに、それは単なる表現を超え、現実を動かす力になる。

その意味では、石原慎太郎の文学は、僕に現実を動かす力を与え、現在でも力を与え続けている。

石原慎太郎のダンディズム

現実を動かす力と同時に、僕は石原慎太郎からダンディズムを学んだ。

1971年刊行の『男の世界』は、「週刊プレイボーイ」の連載をまとめたエッセイ集だ。全編を通じて、男の生き方とはかくあるべし、という石原慎太郎の美意識が綴られ、「男の出発」「男の仁義」「男の友情」といったエッセイが48編収録されている。なかでも僕が特に好きなのは、「男の言い訳」だ。

イギリスの不世出の名ラガーといわれたある選手が、ある大試合でタイムアップぎりぎりに逆転のトライを挙げた。大観衆は棒立ちとなって歓声を挙げたが、レフリイの無情なホイッスルが鳴り、寸前に反則がありトライは認められず、そのままノーサイドとなって試合は彼のチームの負けとなった。

しかし試合後も、あの時のレフリイの判定が正しかったかどうか、しきりに議論の的になったが、当の選手は、

「ラグビー試合ではレフリイは神に等しい」

とひと言いっただけで、後は一切ものをいわなかった。当時のこととてビデオテープもなく、判定が正しかったかどうかは遂に判定されずに終ったが、人々はその惜敗に奮起して次のシーズンの彼の活躍を期待したが、第一次大戦が始まり、世の中はもはやラグビーどころではなくなった。

その戦争の最中、ある激戦地の野戦病院で、ある軍医が重傷を負った一人の兵士を看護した。

兵士の認識票を見て、医者は驚いた。ラグビー気狂いだった医師にとっては忘れ難い名前、かつてのあの大試合のヒーローが、この重傷の兵士だった。

それを知って医師は看護に専心したが、傷は重く、遂にその兵士は死んだ。

彼の臨終の際、すでにファンと選手として相識る仲になった医師が、かつての名選手に、何かいい残すことはないか、と尋ねた時、死に際の懺悔の聴聞を終った後、件の選手はかすかに唇を動かし、聞きとり難いほどの低い声でいった。

「あの試合のあのトライは間違いなかった。レフリイが間違っていたのだ」と。

一生をかけた遺言としての、この言い訳を信じぬものがどこにいるだろうか。


これを読み、男として痺れた。自分のなかで明確に「格好良い男像」が形成された。観客もチームメイトも判定ミスを叫ぶなかで、本心では「トライだ」と思っていても、選手としての任務を遂行するためにレフリーの判断に従う。そして本心を飲み込んで日々を過ごし、死の間際、たった一人にだけ「あれはトライだった」と話す生き様には、ダンディズムが集約されている。

仕事を進める上で譲れない美意識を持っているということは大切だ。見栄や利害損得で行動する人は大きなことを達成することはできない。その瞬間自分が損をすることになっても、やせ我慢して貫く美学を持っていれば、それが魅力として外にあふれ出し、人がついてくる。仕事とはどこまでいっても、人と人がやることだ。

そういった人間としての美意識は現実世界でなかなか磨けるものではない。並外れた想像力によって作家が築き上げた世界に、自分が共感できる美意識を見つけてほしい。僕は石原慎太郎の作品を読んで、男として、時に本心をグッと飲み込み、結果で自分の存在意義を証明する生き方をすると決めた。

ミリオンセラーを生んだ3枚のキラーカード

ここまで、石原慎太郎作品への愛を語ってきたが、だからこそ僕は、五木さんと並んで、石原さんとも絶対に仕事をすると固く誓っていた。

しかし石原さんも、当時はすでに売れっ子作家だ。角川と大した仕事をしたこともない。条件は五木さんとまったく同じで、だからこそ関係を取り結ぶには圧倒的努力が必要だった。

僕は石原さんに手紙を書いた。すると、一度会ってくれるという。当時の石原さんは衆議院議員である。会うだけでも大変なことだった。

この面会が勝負だと察知した僕は、石原さんの年齢に近い本数のバラの花束を持っていった。あのころの石原さんは43〜44歳だったと思う。すると石原さんは、「男にバラをもらったのは初めてだな」と照れたような苦笑いをして、花束を無造作に脇に置いてしまった。

次に僕は、自分がいかに石原さんの小説を好きかを話し始めた。この機会を逃したら、もう二度と会えないかもしれない。ここが勝負だ。こんなときはいろいろなことを言っても駄目だと思い、僕は最終兵器を用意していた。『太陽の季節』と『処刑の部屋』を一言一句、最後の1行に至るまで暗唱できるようにしていたのだ。

「僕は全文暗唱できます」

「え？」

本当に『太陽の季節』を暗唱し始めたら、3、4分で、「わかった、わかった。お前と仕事するよ」と言ってくれて、僕と石原さんの関係が始まった。

後日談になるが、それから17年後、1993年に僕が幻冬舎を設立したばかりのとき、四谷の雑居ビルの一室に、石原さんが突然現れたことがある。そこには社員が5人ぐらいいた。石原さんは彼らに向かって、

「みなさん、まだ拙い社長だろうけれども、見城をよろしくお願いします」

と言ったあと、僕のほうに振り返り、

「もしも俺がまだお前の役に立つんだったら、何でもやるぞ」

と笑顔を向けてくれたのである。僕はその石原さんの口元からこぼれた真っ白な歯を生涯忘れない。

少し読書論からは外れるが、石原さんに関連して書いておきたいエピソードがある。僕は

石原さんに会うときに、常に3枚のキラーカードを持っていた。

キラーカードとは勝負において決め手となる切り札のことだが、編集の仕事でいえば、「このテーマで書いてもらえばベストセラー間違いなし」という企画である。編集者たるもの、一人の書き手について、キラーカードを3枚は持っていなければいけないというのが僕の持論だ。ここでいう書き手とは、芸能人やミュージシャン、スポーツ選手、政治家なども含む。

僕が石原慎太郎に対して持っていたキラーカードは、次の3枚だった。

1枚目は弟である。石原慎太郎の弟は、いうまでもなく国民的大スターの石原裕次郎である。しかし、石原さんは今まで私小説を1本も書いていない。弟について書いたことがないのだ。最も血が濃い存在である兄が、しかも芥川賞作家が、裕次郎について書けば絶対にキラーコンテンツになる。

問題は、それをいつ石原さんに切り出すかだ。僕はそのタイミングをずっと狙っていた。だから、石原さんが幻冬舎に現れ、「何でもやるぞ」と言ってくれたとき、今こそそのチャンスだと思った。僕は迷うことなく「石原裕次郎さんの生涯を、小説で書いてください」と頼んだ。

それは『弟』という小説に結実し、唐沢寿明『ふたり』に続く、幻冬舎2冊目のミリオンセラーとなった。

『弟』が生まれるまでの話は、『編集者という病い』に書いた。ここに再録する。

石原慎太郎さんの小説はいまでも僕の中で燦然と輝いている。短編はほとんど暗唱できるくらいに読み込んでいる。『太陽の季節』も『処刑の部屋』も『完全な遊戯』もすべて若い頃の僕にとっては生きる糧となった。共同体と折り合いがつかない自分がどうしようもなくなったとき、慎太郎さんの小説は何ものにも勝る救済を与えてくれた。彼の作品ほど、社会が付与する価値観をぶち壊して出てきた小説はない。共同体の一員としてではなく、何ものにも冒されないむき出しの個体として生きようとした人間の、肉体の生と死が、その根底には流れている。学生時代から僕は、出版社に入ったら何よりもまず慎太郎さんと仕事をしたいと願っていた。初めて会うことが叶った日に、若者の浅知恵で赤いバラの花を四〇本抱えて持って行った記憶がある。

「男にバラの花束をもらうのは初めてだなぁ」

憧れつづけた作家は少年のように照れた。僕は、自分がいかに慎太郎さんの小説を愛しているかをまくし立てた。それを遮るように、

「君は、酒は飲めるかね」と尋ねられ、「飲みます」と答えると、その場でドライマティ

ーニを作ってくれた。

慎太郎さんの逗子の自宅は圧倒的にカッコいい家だった。丘の頂上に建ち、部屋からは海を一八〇度見渡せた。置いてあるちょっとしたものにも住んでいる人の肌触り、息遣いが見事に表現されていた。毎月その家に原稿をもらいに行くのが楽しみだった。そんな夏のある夜、慎太郎さんが「散歩しよう」と逗子の海岸に誘ってくれたことがある。そこで彼は、自分が今何に苦しみ、何に挑み、何に劣等感を感じ、何に空しさを覚え、何に苛立っているのか、そんな内面を二五歳の僕に打ち明けたのだ。逗子の海岸から深まった関係は、一九年後の夏、ミリオンセラーとなった『弟』によって結実する。

幻冬舎設立後、すぐに慎太郎さんから電話が入った。

「今近くにいる。これから寄るぞ」

一〇分後に慎太郎さんは現れた。当時は、四谷の雑居ビルの中で五、六人しか社員がいない小さな会社だったが、社員を前に、慎太郎さんは「未熟な社長だが、見城をよろしく頼む」と言ってくれた。そして僕の方へ向き直り、「もし俺にまだ役に立てることがあるのなら、何でもやるぞ」と勇気づけてくれた。

僕はその場で、「裕次郎さんを書いてください」と頼んだ。私小説を一切書いてこなかった慎太郎さんに、最も血のつながりの濃い弟を書いてもらうことによって、読者の知らない、もうひとつの石原慎太郎像が浮かびあがるのではないかと思っていたからだ。周囲から見れば「編集者にとってだけおいしそうな」話でもある。しかし石原さんは嫌な顔ひとつせず、「俺もずっと裕次郎のことは気になっていた。いつか書こうと思ってメモ書きしてある。お前が言うんだったら、書くよ」と言って社を後にした。

春が生の芽生えだとすれば、夏は生の絶頂だ。その生の絶頂に裕次郎さんは死んだ。ヨット乗りの兄弟にふさわしい七月という太陽の季節に裕次郎さんは死んでいった。推敲に推敲を重ねてきた『弟』を、僕はどうしても裕次郎さんの命日に出版したかった。『弟』の中に、真夏の病室で裕次郎さんが息を引き取るシーンが出てくる。病室のブラインドを開けると、明るく強い陽射が照りつけている。その下では、生のさなかにいる若者たちが神宮のプールではしゃいでいる。それを思いながら慎太郎さんは、同時に死んでいった弟を見る。慎太郎さんにとって、その生と死は等価なのだ。『弟』という小説は、裕次郎さんの生涯を書いたというよりも、生きていく自分と死んでいく弟は等価であるということを、血の通った兄が証した作品なのだ。『弟』は裕次郎さんの十回忌の日に発売され、あっという間にミリオンセラーとなった。

その夏を越え、幻冬舎は大きな波に乗っていく。

話を戻そう。2枚目のキラーカードは、政治である。彼は文学者から政治家になったのだから、単なる観念の世界とはまったく違う、現実の政治の世界を見たはずだ。

政治というのは、必然的に妥協の連続でもある。なぜなら最大公約数の幸福を実現するためには、たとえ理想と遠くても、妥協することで次善の選択をしなければならないことも多いからだ。

たとえば、「日米安全保障条約を更新したら依然としてアメリカに従属することになり、戦争に巻き込まれる可能性がある。アメリカ帝国主義の手先になるのは避けなければならない。だから、あんなものは粉砕すべきだ」といって安保闘争が起こった。僕も学生時代は先頭に立って反対活動に参加してきた。

しかし日米安保があってアメリカが日本の安全を保障してくれるから、日本の経済はここまで成長してきたわけだ。

このように政治とは、必要な妥協をせざるを得ない、非常にリアリスティックなものだ。要は何を優先するかだ。その世界に石原さんが入っていったということは、「少年」が「男」になるということだ。「子」が「親」になるということだ。「王子」が「王」になるということだ。それが成熟というものであり、現実を認識するということであり、現実を選び取るということだ。

少年は希望でいい。子は夢でいい。王子は理想でいい。しかし「少年」が「男」になるときは、いろいろなものでズタズタに傷つきながらも立たなければならない。親も夢や理想だけを追っていたら、生活できない。子を守れない。

だから石原さんが文学から政治の世界に行ったということは、非常に重要なテーマを孕んでいる。そのときに見えた、政治の必要悪を書いてほしいと僕は思っていた。政治の世界に足を踏み入れたからには、政治の残酷さや、政治の持つ独特のアクチュアルな世界を書くべきだ。それこそ政治に身を転じた文学者だけが書ける、黄金のコンテンツである。

具体的にいえば、なぜ大物政治家・中川一郎は自殺したのか。なぜ自殺せざるを得なかったのか。あるいは自殺を装って殺されたのか。石原さんは中川派の若頭だったから、自分の派閥の領袖である中川一郎の死の一部始終をつぶさに見ていたはずだ。実際に「墓場まで持っていかなきゃいけないことがたくさんある」と僕に言っている。

実録で書くことが難しいなら、中川一郎の死を小説として書いてほしいと思い続けていた。

結局、政治の世界を書いてほしいという僕の2枚目のキラーカードは、年月を経て、石原慎太郎が田中角栄を書くことで実現した。

2016年1月に幻冬舎から出版された『天才』は、反田中派の急先鋒だった石原慎太郎が、田中角栄になりきり、田中角栄の視点から一人称で書いた小説だ。石原さんが一人称で書いてみたいと言ったから、そのような書き方になった。斬新な方法だった。本当は「僕がそうさせた」と言いたいところだが、事実はそういうことだ。

『天才』は僕がつけたタイトルである。最初、石原さんがつけてきたタイトルは、『野心』だった。

「『野心』じゃ駄目だ、石原さん。これは天才・石原慎太郎が、天才・田中角栄になりきって書くんでしょう。天才・石原慎太郎が、人心掌握術から金の使い方まで天才的だった田中角栄を書くんですよね。それならタイトルは『天才』でしょう」

実際に、僕は石原慎太郎を天才だと思っている。今は脳梗塞の後遺症に苦しみ、85歳になってしまったけれど、23歳からずっとスターの看板を張り続けている石原慎太郎は天才だ。

天才が天才になりきって書くのだから、あのタイトル以外にはあり得なかったのである。

２０１６年度の日本の全書籍のベストセラー第1位は、92万部売れたこの『天才』である。

３枚目のカードは「老い」だ。

石原慎太郎の処女作『太陽の季節』は、主人公の竜哉が勃起した男根で障子を突き破ったり、自分との交際の果てに、妊娠中絶手術が失敗した英子の葬儀に行き、馬鹿野郎と言いながら遺影に香炉を叩き付けたりする。いわば、若さがほとばしる作品でデビューをした作家だ。

まるで映画『仁義なき戦い』のラストシーンだ。『仁義なき戦い』の登場のほうが『太陽の季節』の後なのだが、兄弟分の坂井鉄也（松方弘樹）を死に追いやった張本人・山守組長（金子信雄）が主催する葬式に乗り込んで斎場の花を撃ったあと、「山守さん、弾はまだ残っとるがよう」と捨てゼリフを吐いてみせる広能昌三（菅原文太）を思い出さずにはいられない。

そんな自分の過剰な肉体を信じた小説がデビュー作。しかもタイトルも『太陽の季節』である。

それを書いた石原慎太郎が、やがて年を取っていく。白髪が出てくる。シワが増える。怒りやすくなる。物忘れがひどくなる。身体がふやける。ゴルフで今まで飛んでいた距離が飛ばなくなる。しょっちゅうどこかが痛くなる。病気に苦しむ。子どもたちは振り向いてくれない。つまり老残である。

だから僕は、石原慎太郎が老いさらばえた姿を、『老残』というタイトルで書いてくれと頼んだ。『太陽の季節』でデビューした作家が、『黄昏の季節』を書くのだ。

すると石原さんは「俺には老いなんかない。老いて残るとはなんだ」と怒る。

「そこまで言うなら、じゃあ、その今の心境を書いてください」

ということで書いてもらったのが、『老いてこそ人生』という作品である。これもミリオンセラーになった。

こうした3枚のキラーカードは、いつでもどこでも切れるわけではない。タイミングが合わなければ、石原さんは受け入れてはくれないだろう。僕は石原さんとご飯を食べていても、一緒に温泉に行っていても、ゴルフをしていても、いつもキラーカードを出すタイミングを計っていた。だからメシを食っていても湯につかっていても、それが頭から離れず、心の底から楽しめない。

「今、この人はどんな気分なんだろうか」「もしかしたら、何かに傷ついているかな」などと、石原さんのワイングラスの回し方などを見ながら、どの瞬間にどの言葉を発し、胸のなかに切り込むかを計っていた。

作家本人も書きたいというテーマなら、いつでも好きなときに切り出せばいい。しかし作家にとって書きたくないテーマだからこそ価値がある。小説に限らず、作品というのは、その人がいちばん書きたくないものを書かせたときにいちばんいいものができるし、売れるのである。

実は昔殺人を犯したことがあるけれど、まったく発覚せずに、善良な市民として生きている人がいるとする。その人にかつて犯した殺人の小説を書かせたら、面白いに決まっている。オーバーにいえばそういうことだ。

それには相手の胸のなかにグッと手を突っ込んで、本人がいちばん隠したいと思っているものを白日のもとにさらけ出させる必要がある。

今まで封印してきた私小説を書くことになる「弟」、石原さんが墓のなかまで持っていくと言っている「中川一郎の死」、死んでも認めたくない「老残」。僕はずっとこのキラーカードを出すタイミングをうかがい、幻冬舎の創設時など、「ここぞ」という場面で出していった。

作家だけでなくスポーツ選手もミュージシャンも俳優も、表現者である。僕は常に150人ぐらいの表現者と付き合っている。その一人一人に僕は「これを書いてください」というキラーカードをいつも3枚ずつ持っていようと努力している。

大江健三郎・妄想と現実の交換

ちなみに、五木寛之、石原慎太郎に並んで、高校から大学時代の僕が影響を受けた作家に、大江健三郎がいる。残念ながら大江さんとは仕事をする機会がなかったのだが、僕の人生を語る上で無視できない本について、ここで触れておきたい。

大江健三郎の特徴は、妄想にも思える想像力をリアリティに転化させる力だ。大江の文学を読んでいると、妄想が現実で、現実が妄想であるかのような錯覚を抱く。こうした妄想と現実の変換は、かつては作家の泉鏡花も得意としたが、大江健三郎によって現代文学になった。少し抽象的になるが、僕は大江文学を「想像力のぬめりがある」と表現する。大江健三郎が想像した世界が、不気味な足音を立て、ヒタヒタと近づいてくるような感じがするのだ。

大江健三郎の場合も、五木寛之や石原慎太郎と同じく、初期の短編小説が面白い。『死者の奢り』は、大学の医学部で解剖用の死体を運ぶアルバイトをする主人公が、物言わぬ死体をうまく扱えず、翻弄された挙句、事務局の連絡ミスにより、仕事が徒労でしかなかったことが発覚するストーリーだ。ここには戦後日本の閉塞感や、「ものはものでしかなく、振り回されるのは常に人間だ」という命題がある。

芥川賞受賞作の『飼育』も凄みのある作品だ。戦争中に「僕」の村に、「飛行機が墜落し、周囲の大人によって乗っていた黒人兵は捕虜にされる。「僕」は黒人兵と次第に仲良くなるも、やがて行政に引き渡さなければならない日がやってくる。それを察した黒人兵は、「僕」を人質に倉庫に立てこもり、父親は「僕」の指ごと黒人兵の頭になたを振り下ろし、殺すというストーリーだ。

主人公の指が飛ばされ、目の前で一人の男が殺される。これによって主人公は大人になったことを悟る。指は子ども時代の象徴であり、通過儀礼を経るかのように、もはや主人公は子どもではいられなくなったのだ。

いずれの作品も大江健三郎の創作だと思われるが、単に想像力の産物とは片付けられないような、鬼気迫るリアリティを持っている。僕は読書の効力として、「自分以外の人生を体験する」点を挙げている。まぎれもなく大江の読書体験は、僕を戦争前後の世界へと引き入れ、新たな価値観を植え付けた。

大江健三郎の短編で有名なのは『死者の奢り』と『飼育』だが、そのほかの短編も新しい文学の異彩を放っている。長編で僕が最も好きなのは『同時代ゲーム』という作品だ。「神話には人間の本質が書かれている」と述べたが、『同時代ゲーム』は神話的要素が多分に盛り込まれている。主人公の研究者は、父親から受け継いだ「村の神話や歴史を書く」という仕事に取り掛かる。題材となる村は、国家権力が及ばない、四国の山奥にひっそりと位置していた。明治維新以降、村は大日本帝国の版図に編入されるが、税や徴兵から逃れるため、村人は陰に陽に抵抗活動を行う。そうした一連の流れを、古代から現代に至るまでの時間軸で描くという内容だ。

ここでも出てくるのは、国家権力に対する反抗、そして差別構造である。差別は文学において、豊穣な表現をもたらすエンジンとなりうる。差別を受けている者、時には囚われの身になったり、窮乏状態に追い込まれたりしている者には、生きるよすがとなるのは想像力しかない。唯一の武器が想像力なのだ。現に、能や歌舞伎、華道や茶道をはじめとする日本の伝統芸能は、差別された階層から生まれてきた。大江健三郎はこの点をしっかりと書き切っている。

五木寛之も朝鮮半島から引き揚げてきたという出自からして、こうした差別構造を肌感覚で理解している。一方の石原慎太郎は、逆に身の回りに物がありすぎて生を持て余しており、だからこそ肉体を本当に刺してくるものを渇望していた。こうした極端なところにいない限り、人間は表現者にはなり得ない。

表現とは結局自己救済なのだから、自己救済の必要がない中途半端に生きている人の元には優れた表現は生まれない。ミドルは何も生み出さない。想像力は、圧倒的に持つ者と、圧倒的に持たざる者の頭のなかにこそ生まれるのである。

第4章

編集者という

病い

僕が編集者として心がけていたのは、「3人の大物と、きらめく新人3人をつかむ」ことだ。僕の場合、大物作家としては、五木寛之や石原慎太郎のほかに、渡辺淳一、水上勉、森村誠一、高木彬光、大藪春彦などと仕事ができるよう、圧倒的な努力をした。同時に、中上健次、村上龍、林真理子、山田詠美、宮本輝、つかこうへい、森瑤子など新しく出てくる才能を自分の感覚でつかまえ、作品を次々に手掛けた。銀色夏生は僕の専売特許で出せば百万部を超えた。『これもすべて同じ一日』、まだ無名の森高千里をモデルに起用した『わかりやすい恋』から僕が角川書店を退社する時期に手掛けた『君のそばで会おう』『つれづれノート』まで売れに売れた。

そうやって大物作家と若い世代を押さえると、中間にいる作家たちは向こうから声をかけてきてくれる。そうなれば、自分から開拓をしなくても、来たなかから才能を見つけていけばいい。一度こうした好循環に入ると、編集者としては無敵である。

小説の世界だけでなく、写真家の世界、芸能界、音楽界、スポーツ界、政界、経済界、すべて同じだ。たとえば野球の世界なら長嶋茂雄、王貞治、星野仙一を押さえて、一方で、大谷翔平、田中将大、ダルビッシュ有という今をときめく若手をつかまえる。そうすれば真ん中は向こうから、「○○さん、お会いしたかったんです」と言ってやってくるだろう。3人のスーパースターと3人のきらめく新人をつかむこと。プロデューサーや編集者ならそこに全力を尽くすべきである。

中上健次・時空を超えた血と憤怒と哀切

だから編集者としては、新人の作品も膨大な数を読み込んだ。

「きらめく才能」と書いて、最初に思い出されるのは中上健次だ。中上が1977年に書いた代表作『枯木灘』は、紀州の「路地」を舞台に、肉体労働者として働く青年と、その家族の愛憎を描いた目も眩むような長編小説だ。主人公の秋幸は紀州の自然の一部であるかのように描かれ、血の繋がりが物語を濃く彩る。

「路地」とはすなわち、被差別部落のこと。中上自身が被差別部落出身で、肉体労働を経たのちに作家になった経緯がある。そのために中上が描く「路地」はリアリティに満ちていて、そこに生活する者の汗や臭いを感じさせる。

中上の小説はすべて、差別構造がベースになっている。この点では五木寛之に通ずる部分がある。たとえば『岬』『枯木灘』『地の果て　至上の時』の三部作では、主人公は被差別部落出身者として社会から虐げられ、家庭も両親も性的規範意識が緩く、多くの異父きょうだいや異母きょうだいがいる環境で育った。彼は自暴自棄になり、異母妹と近親姦をすることになるが、行為の最中で潮が満ちていくような快感を覚える。どうしようもない苦痛のなかで、虐げられた人間が到達する快感。差別構造はここまで人の心を揺さぶるものかと、改めて驚いた。

情景描写も素晴らしい。彼が育った場所は、海が光り、川がうねり、地虫が鳴き、森がざわめき、太陽が刺すように照りつける自然にあふれていた。そのなかで、肉体労働という最もプリミティブな行為をする主人公は、自然の一部として生きることに恍惚感を覚えながら、その自然こそが自分を差別される存在に貶めていることに苦悩する。そうした絶対矛盾を抱えながら、彼は生き抜く。

ここに描かれているのは、社会の「極」とも言える部分だ。人間は「極」をどれだけ経験したかで、度量が決まる。真ん中を歩いている人からは何も生まれてこない。極端を経験してこそ、豊饒な言葉を発することができるのだ。

『枯木灘』は長編の上、登場人物の関係も入り組んでおり、読みこなすのは大変だ。しかし一度ページをめくれば、「路地」の持つエネルギーを体感することができる。『枯木灘』のハードルが高いと感じたら、短編小説からでもいい。まずは中上健次の世界を感じてほしい。

『岬』は『枯木灘』の序章とも言える作品だ。戦後生まれの作家で初の芥川賞を受賞した美しい命の物語である。のたうちまわって生きながら、中上健次は時空を超えた血と憤怒と哀切の物語を紡ぎ出した。その葛藤の激しさは宇宙の彼方から差してくる静謐な一条の光となって生まれ落ちた者たちを照らし出す。僕は今でも『岬』をときどき読み返す。

『編集者という病い』に中上健次との関係を書いた。


文学の悲惨さと豊饒さを教えてくれたのが、中上健次です。僕を編集者として鍛えてくれた最も忘れられない男。出会った頃のことをつい昨日のことのように思い出します。紀伊半島のある場所の出身であることを、彼は社会的なビハインドを背負っていると捉えていました。そのことでのたうち廻ると同時に、めくるめくようにその場所を愛しもしました。海が光り、川がうねり、地虫が鳴き、森がざわめく中で、太陽に灼かれながら大地を耕している眼の昏い中上という大男は、自然の一部として存在することに眩暈のような官能を覚えながら、その自然こそが自分に社会的ビハインドを背負わせていることに、深く苦しみ続けたのです。そのような絶対矛盾を切り裂くようにして彼は生き抜きました。

パラドックス思考である上に、動物的というか、スウィングの大きな論法で人を攻撃してくることもよくありました。例えば、「茉莉花」という新宿のクラブでも、中上は度々暴れました。そこは野間宏、水上勉から高橋三千綱、村上龍まで当時の錚々たる作家や詩人たちと各社の文芸編集者の集う場でもあり、銀座ほど高くはないけれどホステスもいて、彼女たちも文学の話で客をもてなしてくれました。「キャンティ」とは違った角度で、そこもまた特別な理想郷で、認められた者だけが常連になれる雰囲気があったんです。ある日、芥川賞をとったばかりの三田誠広がたまたま居合わせた中上に挨拶に来ると「〝僕って何〟だ？　ふざけんじゃねーよ」と怒鳴りながら、ミネラルウォーターの瓶で殴り、その上パンチを繰り出して三田の肋骨にヒビを入れてしまった。その理由が〝三田を文学として認めない。だから殴るんだ〟というメチャクチャなもので……。ただ黙って殴られている三田にも文学を感じましたね。

僕に対しても、尾崎豊に勝るとも劣らない程、中上は熾烈な踏絵を常に突きつけて来たものです。

彼はおぞましくて醜い部分を持ち、同時に最も聖なる美しい者でもありました。その矛盾する両方を併せ持ったからこそ、ぶ厚くて豊饒な、ジャズのようにスウィングする文学を生み出し得たわけです。汚いものから目をそむけたら、極めて薄っぺらいものしか見えないんですよ。だから彼は豊饒で悲惨な文学を生み出し続けるために、社会的なビハインドを受けていると彼が感じる場所にだけ、身を置こうと決意したんです。その象徴として愛してこだわったのが、光り輝く暗闇たる紀伊半島と朝鮮半島だったんです。〝社会的なビハインドを背負う者たちがすべてを奪われても、想像力だけはどんな権力者でも奪えない。ビハインドを背負わされて深く葛藤する者しか、過激で豊饒な表現は生み出し得ない〟とでも言うように。

そんな中上に僕は惚れ、その中上の役に立てることは、この上もない快楽だったんです。惚れた表現者にどれだけ親身に関われるかが、僕が中上との関係から学んだ編集者の原点。そういう、惚れた者と過ごすこの上もなく幸せな瞬間をいくつも積み重ねてきたから、「売れるものなら何でもいい」と偽悪者ぶって嘯いてみても、ある程度の説得力を持つのだと秘かに自負しています。その奥行がないのに〝売れるものなら何でもいい〟なんて言ってるやつには、売れるものなんて作れません。これは新人の編集者にこそ言いたいです。僕は、彼のおかげで編集者として成立したという想いを常に持っています。

最後の治療は故郷で試みたいという意向で、既に瀕死の状態にあった中上は、紀伊半島の枯木灘に帰りました。その海面は本当に光が跳ねるようで、それを見て中上はボロボロ泣いたそうです。その枯木灘こそが彼を育み、また彼を苛酷に貶めた。その光景に無言の涙を流した中上を、途方もなく愛しく思います。晩年の彼が好んだエンジ色のセーターを形見分けでもらったんですが、時々匂いを嗅いでみるんです。中上の匂いが残っていて、枯木灘を見て涙を流した中上が思い浮かび、僕の涙腺にも熱いものがこみ上げるんです。僕が編集者として生きている理由は、自分の中の消せない記憶を世の中にも出したいからかもしれない。そう思うようになりました。

単純に僕は中上健次の作品と才能が好きだった。ただそれだけだ。しかし、それさえあれば僕は編集者だから、相手に何でもできる。僕の献身によって素晴らしい作品が生まれたら、これに勝る喜びはない。中上健次と僕の関係はそういう関係だった。

村上龍・虚無と官能

もう一人、絶対に触れなければならないのは村上龍だ。1976年に刊行されたデビュー作『限りなく透明に近いブルー』で、セックスとドラッグ、暴力に満ちた若者の自堕落な日常を描き、鮮烈な文壇デビューを果たした。人が存在することそのものの切なさや悲しみを描いた傑作だ。

この小説は、「飛行機の音ではなかった。耳の後ろ側を飛んでいた虫の羽音だった。蝿よりも小さな虫は、目の前をしばらく旋回して暗い部屋の隅へと見えなくなった。」という書き出しで始まる。途中で、ゴキブリは黄色い体液を流して死に、蛾は緑色の汁を出して固まる。この小説のラストシーンは唸るしかない。

空の端が明るく濁り、ガラスの破片はすぐに曇ってしまった。鳥の声が聞こえるともうガラスには何も映っていない。

アパートの前のポプラの側に、きのう捨てたパイナップルが転がっている。濡れている切り口からはまだあの匂いが漂っている。

僕は地面にしゃがみ、鳥を待った。

鳥が舞い降りてきて、暖い光がここまで届けば、長く延びた僕の影が灰色の鳥とパイナップルを包むだろう。


これらの一節からもわかるとおり、彼の作品からは、放蕩の限りを尽くしている若者の生活が、光や音、匂いや色とともに伝わってくる。その様子は虚無的であり、哀切であり、同時に官能的である。しかも彼は個人を描かない。描かれているのは一貫して「世界」であり、ある意味神話の構造に近い。たとえ「僕」「私」が主人公であっても、彼は私小説を書かない作家だと思う。

『限りなく透明に近いブルー』が芥川賞の候補になったとき、一部の選考委員からは「非倫理的だ」と反対の声が上がった。しかし、当たり前だが、現実世界の価値観や規範で文学を評価するのは間違っている。文学とはそもそも、作家の抑え切れない内部の衝動を表現したものだから、それを世間の間尺や共同体の倫理で評価しても仕方がない。

　希望があったのは、それでも本作の文学性を正当に評価する選考委員が多数を占め、最終的に芥川賞が授与されたことだ。この点は石原慎太郎の『太陽の季節』に似ている。『太陽の季節』と『限りなく透明に近いブルー』に賞を与えたことで、芥川賞は価値を保ったと言えるだろう。逆に、村上春樹や吉本ばななに授与しなかったことには疑問を感じる。

　村上龍には、『限りなく透明に近いブルー』が群像新人文学賞を受賞したという記事を新聞で見て、すぐに会いに行った。記事に掲載された切手ほどの小さな顔写真に感じるものがあったのだ。初めて新井薬師の喫茶店で会ったとき、鳥のような「目」が印象的だった。手負いの鳥が、軒端で小刻みに震えながら羽を休めている。それでもなお獰猛な異物を抱えて生きようとする意志を失っていない、そんな目に見えた。

　村上龍は「どうして作品を読んでもいないのに、あなたは僕のことをすごいと言うのか」と不思議がっていたが、僕には自信があった。あの目と『限りなく透明に近いブルー』というタイトル。それだけでわかった。そして数日後に作品を読んで、自信は確信に変わった。

　そこから村上龍との長い付き合いが始まった。二人で伊東の川奈ホテルに泊まり込み、日中はひたすらテニスをし、夜は白ワインを次々に空けていった。しかも「執筆のため」という理由をつけて、会社の経費で放蕩した。経理部からは睨まれてもいたが、僕は「使った金の百倍以上を会社に稼がせるから、何が悪い」というスタンスを崩さなかった。

「見城さんは、どんどん経費を使えた時代に過ごせていいですね」と言われることもあるが、その人がその時代に編集者をやっていたとして、同じことができるだろうか。「絶対に本を売る、会社に稼がせる」という鉄のような覚悟がない限り、こうしたお金の使い方は不可能だろう。

そうした交流のなかで、村上龍に書いてもらったのが『悲しき熱帯』である。

本作は一つの実験だった。どんな社会も差別構造を持っているが、その差別はどこから来るかといえば、僕の考えでは「自然＝時間＝季節」から来る。季節があるから行事が生まれ、役割が決まり、それが差別を作り、物語を生むという構造だ。

しかし、熱帯という地域には季節がない。フラットな日常が延々と続くだけだ。だから熱帯には本質的に物語は生まれない。それを逆手に取り、村上龍は本来物語が生まれないはずの熱帯を舞台に、短編小説群を書いていった。登場人物はみな、南国で生まれ、その島の太陽に犯されて死んでいく者たちばかり。しかしそこにおける時間の流れは希薄である。物語の成立しないところで人生という物語を終えていく悲しさを描いたという意味で、タイトルも『悲しき熱帯』にした。

また本作はレヴィ＝ストロースの『悲しき熱帯』のオマージュでもある。レヴィ＝ストロースが南国でのフィールドワークを経て、各社会に共通する構造を解き明かした。村上龍は文学でそれを行おうとしたのだ。この小説を提案したのは僕だが、村上龍は見事に書き切った。

『悲しき熱帯』は神話が成立しづらい土地の神話である。「はじめに」で僕は「神話には古今東西変わらない、社会の構造が描かれている」と書いたが、その根源的な構造を知りたかったら『悲しき熱帯』を読むのもいいだろう。

中上健次も村上龍も僕は彼らの才能に惚れたのだ。自分に才能がないぶん、才能あふれる人に身体が動く。惚れたから何でもできた。ただ、それだけのことだと思う。

林真理子・過剰と欠落

プライベートも含め、最も深く付き合った男性作家が村上龍だとしたら、女性作家は林真理子だ。林真理子と僕は、1982年に知り合って以来、毎晩のように飲み明かして放蕩を尽くした。僕が幻冬舎を設立した直後、些細なことがきっかけで16年間の絶縁期間に入ったが、和解して2015年に『過剰な二人』という共著を出した。お互いに濃い愛情があった。

だから深く訣別して、16年後深く抱擁した。血を分ける関係とはそういうことだ。

林真理子に興味を持ったのは、彼女が出版したエッセイ集『ルンルンを買っておうちに帰ろう』を読んだときのことだった。『ルンルン』は、当時は女性の立場からは語ることがタブーとされていた女性の本音を開けっぴろげに書いた作品で、僕が読んだときにはすでにベストセラーになっていた。当時の林は一介のコピーライターだったが、話題の作品を書いた張本人として、テレビにも出演し始めていた。

僕はこの作品を読んで、「エッセイでこれほどまでに過剰な作品は珍しい」と思った。しかも小説の域に達している。しかし残念なことに、テレビに出始めた林真理子は「イロモノ」として扱われていた。このままでは、単なる時代のあだ花として終わってしまう。そこで僕は、彼女に小説を書かせようと企んだ。

最初の電話では、当時すでに出版業界で名前を知られていると自負していた僕が「角川書店『野性時代』の見城です」と名乗ったところ、「はい？　もう一度お名前を」と聞き返された。「あなたは僕の名前を知らないんですか」と僕が言うと、「すいません、私この世界のことをよくわかっていなくて」と木で鼻をくくったような返事。傲慢にも、なんだこいつは、と思ったことを覚えている。

初対面は六本木のカフェ「ルコント」だった。僕はとにかく彼女の内面をえぐり、一緒に仕事をしようと思って、頭がねじれるほど考えながら言葉を選択していった。実際の彼女は、最初は無愛想だったが、エッセイに違わず過剰な人物で、文中にも書かれていた「言葉の女子プロレスラー」そのものだった。彼女の心が開いてきたあたりで、僕は三つの約束をさせた。

一つ目は、小説を書くこと。君はストーリーが書ける。君の内面を切開すれば、必ず直木賞がとれるから、全力で小説を書けと伝えた。二つ目は、「野性時代」に間断なくエッセイを連載すること。三つ目は、僕に惚れないこと。

最後の約束事項を伝えたら、林真理子は「私は面食いだから、それはありません」と言って爆笑した。実際にどうだったかは、林真理子に聞いてみるしかない。

その日から僕と林真理子の二人三脚が始まった。毎日のように飲みに行き、電話をし、創作上の悩みや相談にはすべて付き合った。そうして完成したのが小説『星影のステラ』で、いきなり直木賞の候補になった。僕の予言どおりのことが起こり始めたのだ。

ただ、『星影のステラ』は落選。しかし次の『葡萄が目にしみる』で連続して直木賞候補になるが、テレビに出ていたことで「チャラチャラしている」と一部の選考委員から思われたのか、『葡萄が目にしみる』はギリギリのところで直木賞を逃した。僕と林真理子は新宿のホテルの一室で選考結果の連絡を待っていたが、直木賞史上最長の激論の末に受賞に至らなかった。彼女はこの経験をバネに、4回目の候補作『最終便に間に合えば/京都まで』で直木賞を受賞する。これは残念ながら文藝春秋の作品だった。

林真理子の原動力となっているのは、「美人ではない」というハンディキャップだ。その点では僕と通底する。その上で、劣等感が自意識を育み、その裏返しとして放蕩の限りを尽くしていた。文学は、このような過剰か欠落を抱えた人間からしか生まれない。

山田詠美・抑えがたい性的な衝動

極端な女性作家といえば、山田詠美もそうだ。彼女のデビュー作『ベッドタイムアイズ』は、抑えがたい性的な衝動を文学作品に昇華させた小説だ。山田詠美が当時交際していたであろう黒人男性をモデルとして描き、彼に対する切なさ、愛しさを文字に落とし込んでいる。

直木賞を受賞した『ソウル・ミュージック・ラバーズ・オンリー』はさらにすごい。タイトルに暗示されているのは、人種差別がはびこっていたアメリカ社会に見られた「ホワイト・オンリー」（白人以外お断り）という看板だ。「ソウル・ミュージック・ラバーズ・オンリー」は逆に、黒人たちの気持ちを代弁しているソウルミュージックをバックに情熱的で切ない恋愛に染まっていく恋人同士のみが入れるという意味。山田詠美自身が「黒人こそセクシー」と公言しているような官能にあふれた作品である。

「あとがき」も痺れる。

ひとりの男を愛すると三十枚の短編小説が書ける。この法則を私は最近知った。小説が書きたいから恋をするのか、恋をするから小説が書けるのか、いずれにせよ、色恋沙汰は人間が人間であるために不可欠の要素である。

（中略）

ある時、街ですれ違った男の上着の中の匂いを嗅いで、私は昔の男を思い出して道の真ん中で泣きたくなる。ある時、バーで流れる黒人音楽は特定の男を思い出させて私を泣かせる。嗅覚があって良かった。聴覚があって良かった。五感が正常で良かったと、神様に感謝するのはこんな時。そして、恋物語を泣かずに書ける自分の理性にも感謝する。

これほどまでに官能的で理性的な「あとがき」はない。まさに彼女にとって、男とは生きる営みそのものなのだ。恋愛を経験していない人間は、人として奥行きがない。恋愛の最中は切なさと快楽、甘さと苦さ、葛藤と歓喜がめまぐるしく襲ってくる。そういった感情を経験すればするほど感覚は磨かれ研ぎ澄まされ、思考は深まるのだ。恋愛は人を刹那と永遠のスウィングに引きずり込み魅力的に輝かせる。

村上春樹・生き方を犯すほどの才能

現在、最も売れる作家の一人は、村上春樹である。僕は、彼の小説はアメリカのペーパーバックの影響を色濃く受けていると考えている。

彼がよく用いるモチーフ、たとえばビールを飲み続ける青年、小指のない女の子、架空の作家、双子、ピンボール、パラレルワールドといったものは、アメリカのペーパーバックでよく見かける。１９７９年に刊行されたデビュー作の『風の歌を聴け』は、ジョージ・ルーカス監督の映画『アメリカン・グラフィティ』を彷彿させる。ラジオ局のＤＪといった登場人物の構成や舞台設定、短い夏休みの物語、休暇が終わったら故郷を後にして都会に向かわなければならないという点も似ている。

僕は初めて村上春樹に会った際、この点を指摘した。

あなたが『アメリカン・グラフィティ』を日本文学として甦らせたことは、非常に興味深い。『アメリカン・グラフィティ』の舞台はカリフォルニア北部の田舎町だが、日本でその雰囲気を表現するには神戸近辺を描くしかない。だから『風の歌を聴け』に神戸に近い田舎町と思われる場所を登場させたのは見事だ。

そのような意味のことを述べたと思う。それほどこの作品が好きだったし、読み込んだということを示したかったのだ。『アメリカン・グラフィティ』を下敷きにしてどこが悪いというのか。

しかし村上春樹は、喜ばなかった。小説家はマジシャンと似ている。両者はいずれも、「タネはこうだ」と指摘されたら不愉快に感じるのだ。それが合っていたとしても、間違っていたとしても、だ。『アメリカン・グラフィティ』のようなアメリカ社会の典型的な若者の物語を日本という風土で作り上げる力は村上春樹のオリジナルなものすごい才能なのに。『風の歌を聴け』というトルーマン・カポーティの作品の文章から取ったタイトルも見事に作品世界を表現している。

残念ながら、村上春樹と仕事をする機会はほとんどなかった。彼の心をつかもうとして、多分、不愉快にさせてしまったことを悔いる気持ちもある。しかし、人間関係において小手先の技は通用しない。正面から本音を言って、それでうまくいかない関係があっても、それはそれでいいのだと思う。

僕は縁がなかったが、村上春樹が中上健次や村上龍と同じく、一つの強烈な文学世界を作っていることは疑いようのない事実である。

僕は一時期、村上春樹の世界にハマりにハマった。生き方を犯されたと言っても過言ではない。読書とはそういうものだ。

宮本輝・仏教的世界観への変換

同じく文学世界を作っている作家に、宮本輝がいる。彼のキーワードは「仏教的世界観」だと思う。神話的な構造を、日本的な仏教の世界観に変換しながら描いていく。

僕がいちばん好きなのは、『避暑地の猫』だ。殺人を犯し、刑事の疑惑の目から逃げる主人公が、過去の殺人を振り返って独白するシーンがある。

ぼくはなぜかこの宇宙の中で、善なるもの、幸福へと誘う磁力と、悪なるもの、不幸へと誘う磁力とが、調和を保って律動し、かつ烈しく拮抗している現象を想像するようになった。調和を保ちながら、なお拮抗し合う二つの磁力の根源である途方もなく巨大なリズムを、ぼくはぼくたち一家の足跡によって、人間ひとりひとりの中に垣間見たのだが、不思議なことに、そのとき初めて、真の罪の意識と、それをあがなおうとする懺悔心が首をもたげたのだった。

ここで表現されている思想は、世の中の善悪は二分されているのではなく、調和と拮抗を繰り返しながら一体となって動いていること。善悪のリズムは、世界のみならず一人一人の人間にも存在することだ。

つまり、善悪を明確に区別するキリスト教的な価値観ではなく、両者は渾然一体だという仏教的な価値観が下地になっている。宮本輝の他の作品『錦繍』『愉楽の園』『春の夢』なども人間の精神の謎を描いてミステリーのように面白い。36年間の歳月をかけてようやく完結する『流転の海』は宮本輝文学の集大成となるだろう。

百田尚樹・驚異的なオールラウンドプレーヤー

現在の出版シーンで、書けば必ず売れる作家といえば、百田尚樹、東野圭吾、宮部みゆき、北方謙三、そして髙村薫である。

まず百田尚樹は、10年ほど前に突然文学界に出現し、一気にベストセラー作家に上り詰めた小説家だ。政治的な発言が取り上げられることが多いが、小説家としてものすごい才能を持っていることは間違いない。

百田尚樹の作品を読んでいると、これほどまでに情景が浮かぶ小説はないという気持ちになる。おそらく百田尚樹は、まず映像を撮るようにストーリーを考え、そこから文章に落とし込んでいるのだろう。「探偵！ナイトスクープ」というお化け番組の主任放送作家を25年以上にわたり務めている。テレビ出身なだけに、映像から文章を紡ぎ出すという技術を体得したのかもしれない。

もう一つの特徴は、作品のテーマやストーリーが多種多様ということだ。『永遠の0（ゼロ）』のような戦争物、『ボックス！』のようなスポーツ物、『影法師』のような時代小説、『モンスター』のような社会派小説、『フォルトゥナの瞳』のようなSF小説、『幻庵』のような囲碁小説、さらには『風の中のマリア』という、オオスズメバチが主人公の小説すら書いてしまう。

それでいて、映像のように情景が想像できる点は、すべての作品で変わらない。普通、作家には得意なテーマと苦手なテーマがあるものだが、彼はどんなテーマでもずば抜けたクオリティが保たれている。驚異的なオールラウンドプレーヤーと言えるだろう。そのすべてが面白く、読む者の胸に沁みる。

ハズレが皆無という意味で、百田尚樹は読書初心者でも読みやすい。僕があえて一冊挙げるとすれば『影法師』だ。江戸時代を舞台に異なる階級、下士と中士の二人が、理不尽な社会制度のもとで友情を育み、生きる意味を捉え直すストーリーだ。彼の作品群のなかでも、自身の想いが最も色濃く映し出されている小説だと思う。これから百田尚樹を読む人がいれば、僕は『影法師』から読むことをおすすめする。

東野圭吾・見事なまでに人間を描く完璧なミステリー

次に東野圭吾である。東野作品を読むたびに、ミステリーとして完成度が高く、同時に人間が見事なまでに描けている点に驚かざるを得ない。世界の片隅で、ささやかに生きている人間の息遣いや足音、咳払いまでもが文章越しに伝わってくる。その上で高度な謎が絡んだストーリーが展開されるために、読者を引きつけて止まない。とにかくすべての作品が面白くて、その上、胸に沁み込んでくる。文学性も高い。

おすすめは『白夜行』である。幼いころに、止むに止まれぬ事情から肉親を殺した男女が、人間としての「業」を抱えながら生きていく。互いに十字架を背負った二人の愛や憎しみ、そして別離は、どうしようもなく切ない気分にさせる。

僕がいちばん好きな作品は『新参者シリーズ』の完結編にあたる『祈りの幕が下りる時』だ。東野圭吾の物語作家としての稀有な才能が縦横無尽に発揮され、面白さ抜群の社会派ミステリーでありながら見事な文学にもなっている。ニューヨーク行きの飛行機の中で号泣しながら読み切った。自分の生き方を激しく問われた作品だった。

宮部みゆき・『火車』の哀切なラスト

宮部みゆきも東野圭吾と同じく、人間を描けるミステリー作家だ。全部面白いがいちばんすごい作品は『火車』だと僕は思っている。散財癖があり、多重債務に苦しむ女が身を崩していく様子を、リアルな怖さとともに描いている。他人に成りすまして生きてきた主人公は最後の最後に登場する。そのラストシーンは感動的である。


やっと捜し当てた。そう思った。やっとたどりついた。

保が階段を降りきり、こずえと喬子のテーブルに近づいてゆく。こずえは、打ち合わせどおり、賢明に我慢して、こちらを、保を見ないようにしている。喬子のイヤリングが光り、細い肩が楽しげに動く。

大きすぎて目に入らなかった標識を見つけたときのように、新鮮な驚きを感じながら、本間は思った。

こっちから何を尋ねるかなどは問題じゃない。俺は、君に会ったら、君の話を聞きたいと思っていたのだった。

これまで誰も聞いてくれなかった話を。君がひとりで背負ってきた話を。逃げ惑ってきた月日に。隠れ暮らした月日に。君がひそかに積み上げてきた話を。

時間なら、充分ある。

新城喬子——

その肩に今、保が手を置く。


哀切なラストである。

宮部みゆき作品に通底するのは事件を起こさざるを得なかった、この人間の哀切さである。すべての人間は一人一人哀切な事情を抱えて生きている。その事情を背負って、人はどのように思考し、どう生きるのか。人間の内面こそ最大のミステリーなのだ。騙されたと思って『火車』から宮部みゆき作品を読んでほしい。たちまち宮部ワールドの中毒になるだろう。

日本のミステリーのレベルが上がったのは、東野圭吾と宮部みゆきの力が大きいと僕は思っている。

北方謙三・読者を慟哭させ、魂を揺さぶる

ミステリーではないが、北方謙三の中国物は、歴史をベースに人間を描いている作品だ。どの作品も面白くてページを繰る手が止まらなくなる。新刊が出るたびに必ず買う熱烈なファンが多数存在するが、これは『三国志』や『水滸伝』といった中国の歴史物に登場する男たちを、今を生きる人たちが理解しやすいように北方流に超訳し、アレンジして描いているからだ。北方謙三のオリジナルの書き下ろしと思ってもらえればいい。読めば登場人物たちの苛酷な生き方に必ず涙する。僕のおすすめは『楊家将』とそれに続く『血涙』で、ページをめくるたびに慟哭することになる。主人公たちの「血の涙」を心のなかで流す男の生き方に胸躍らせながら、こんなにも魂を揺さぶられる作品は滅多にない。北方謙三の膨大な中国物作品群を、一冊ずつ読んでいくことを僕は老後の楽しみとしている。

髙村薫・歴史や社会の片隅に追いやられた者たちへの深い眼差しと情念

髙村薫は、『リヴィエラを撃て』が傑作だろう。北アイルランドのイギリスからの独立を主張するテロリスト組織・IRAを中心に、CIAやMI6といった各国諜報機関の情報戦を活写している。エスピオナージ・ロマンの大傑作であるが、この小説を支えるのは自分の出自と運命に殉じて戦い果てていく登場人物たちの暗い情念である。髙村薫はこの小説を書くために、20回以上アイルランドを訪れたという。これほどまでに過剰な取材活動に彼女を駆り立てたのは何だろう？　そこに髙村薫文学の原点があると僕は考えている。歴史や社会の片隅に追いやられた者たちへの彼女の深い眼差しと情念は、どの作品にも貫かれている。一冊でも読めば、やはり髙村薫ワールドの虜（とりこ）になるはずだ。

小説を読む面白さと醍醐味を求めるのなら、百田尚樹、東野圭吾、宮部みゆき、北方謙三、髙村薫はまず読んでみるべきだ。確固たる世界を構築している作家の作品に触れることで、世界や人間の本質を体感できる。

草間彌生・性の情念

ちなみに章の冒頭で、「3人の大物と、きらめく新人3人をつかむと、中間は向こうから声をかけてくる」と述べた。時の権力者から犯罪者に至るまで、僕に声をかけてきてくれた人物は枚挙にいとまがない。

少し意外な人物を挙げると、現代アーティスト・草間彌生もそうだ。1970年代後半、草間がまだ40代で僕が20代のころ、人づてに僕の連絡先をさぐり当て、「私は小説で芥川賞をとりたい」と言ってきた。

草間彌生は、ニューヨークを拠点に、男女の性器をモチーフにした作品を発表したり、街中を全裸で歩くパフォーマンスを展開したりする前衛芸術家として知られていた。それなのに、芥川賞のような既存の権威の賞をとりたいとは、「このアーティストは何を考えているんだ」と思ったものだ。

しかし実際に小説を書かせてみると、圧倒的な才能を感じた。アーティストだけあって、音や色、匂いや光にものすごく敏感で、それが小説にも存分に表現されている。

彼女がつけてきたタイトルも常人離れしていた。1978年に発表した処女作は『マンハッタン自殺未遂常習犯』。1983年に野性時代新人文学賞をとったのは『クリストファー男娼窟』。以後も『ウッドストック陰茎切り』『離人カーテンの囚人』『死臭アカシア』を続々と発表していく。いずれも、普通の人間からは、絶対に出てこないタイトルだ。

彼女のアート作品の特徴でもある細かいドットは、性器のシンボルである。おそらく彼女には、性に対する強烈な原体験がある。そう考えた僕は、性の情念を小説にぶつけるよう助言をした。その結果出てきたのが、『クリストファー男娼窟』や『ウッドストック陰茎切り』である。

すでに報道されていることだが、草間彌生は1970年代以来、東京の精神科病院に入院していて、夜はそこに泊まっている。幻覚にも苦しんでいる彼女は、夜は一人で眠れない。

日中は病院の向かいにある自分のマンションのアトリエでアートの制作をし、夜は精神科病院に戻る。

ある時期、彼女は僕への親愛の証として何枚かの絵をくれた。斬新だとは思ったが正直、あまり僕には価値がわからなかった。そこで引っ越すたびに他の荷物に紛れていき、今では1枚を残すのみとなった。現存していたら数億円はくだらないアート作品なので、「浅はかだった」と少し後悔することもある。

彼女の痛みに満ちた小説を読むと、生きるという営みの猛烈な切なさをアートとは違った意味で体験できる。

坂本龍一・残酷と悲惨に血塗られた崇高で静謐な創造

僕の編集者としての人生を振り返るときに、坂本龍一と尾崎豊のことを語らないわけにはいかない。『編集者という病い』に、本物の表現者である二人とのあまりにも濃密すぎる若き日の交流を書いた。再録する。

18日、A.M.3:00（メキシコ時間）

ＡＫＩが死んだらしい。

とり合えずＭｅｘｉｃｏに行く。

何処にいるんだ。

声が聞きたかったぜ。㊜　11：00―

これは一九八八年八月二〇日午前一〇時四八分、坂本龍一が僕宛てに送ってきたファックスの全文である。「ＡＫＩ」とは、生田朗（いくたあきら）といい、坂本が最も信頼を寄せ、彼の個人事務所を取り仕切っていた男のことだ。

この年の四月、坂本は『ラストエンペラー』によってアカデミー賞作曲賞を獲得していた。ロスアンゼルスのラ・ベラージュというホテルの近くで行われた授賞式には僕も参加した。受賞のアナウンスの瞬間、坂本とともに喜びを分かち合ったもうひとりの男が生田だった。世界中の国々から贈られてきたシャンパンや花束に埋め尽くされたラ・ベラージュの坂本の部屋。「コングラチュレーション！」と次の仕事の依頼を兼ねてその部屋を訪ねてくるデヴィッド・リンチ、ソニー・ロリンズ、マイケル・ダグラスらの大物たち。英語を自由に操れた生田が、坂本の傍ですべてその場を切り盛りしていた。受賞の夜、アカデミー賞側が用意したパーティーをキャンセルし、ビバリーヒルズの私邸を借り切って『ラストエンペラー』関係者だけで祝勝会を行ったときも、坂本と生田、そして僕は一緒だった。九部門の受賞者が顔を揃えるなか、僕らは二度と味わえないような歓喜と至福の時を過ごした。

坂本とは、彼が「トラフィコ」（スペイン語で交通の意）という事務所を設立した頃から急速に親しくなった。当時、僕はほぼ毎夜、広尾にあった「ピュルテ」という店で坂本と酒を飲んでいた。夜一一時頃までに日常の仕事を終え、「ピュルテ」で坂本と落ち合い、朝九時過ぎまで飲みつづける。そんな生活が四年ほどつづいた。それは共に振れ合いながら過ごした年月でもあった。『ラストエンペラー』の制作中も坂本は、中国での仕事が空くとすぐに東京に戻っては「ピュルテ」に入り浸っていた。坂本には「すごい映画になるんだから」と励まし続けるしかなかった。愚痴を聞き、そのまま中国へ送り返したこともあった。

坂本から生田が死んだらしいというファックスが届いたとき、僕はまだ女の部屋にいた。きっと坂本は直接、僕と話をしたかったのだろう。どうにも僕が捕まらないから、あのファックスを送りつけてきたのだ。昼の一時を過ぎ、自分の部屋に戻って、そのファックスを見たときにはすでに坂本とは連絡が取れない状態だった。

後に分ったことだが、生田はメキシコのプエルト・バリャルタで、夏の休暇中に運転していた車ごと道路から崖に転がり落ちて死んだのだった。

坂本は真先に現地へ飛んだのだろう。そこで生田の遺体を確認し、弔いもやるのだろう。

きっといまごろはメキシコへ向かう飛行機の中だ……。僕はマンションのベランダから空を見上げた。そのときの太陽の照り、ねっとりとした湿度、そしてあの異常すぎるほどの暑さはいまでも体が記憶している。

なぜ俺は連絡の取れない場所にいたのか。坂本と痛みを分け合えない苛立ちと、わずか四ヵ月前に歓喜と至福の時を分け合った友が死んだという悲しみが交錯し、いたたまれない気持ちになった。ただ空を見上げ、坂本の乗ったであろう飛行機の行方を追うしかなかった。

空は、嘘のように晴れていた。

ファックスを見て一〇分と経っていないはずなのに、大雨のような汗が溢れ出した。そしてたちまちTシャツがビショ濡れになった。「死んだらしい」というあの一節がふたたび頭を擡げる。朦朧と立ち竦むなかで僕は感じた。青春の幕は下りたと。毎夜、無鉄砲に酒を飲み、面倒を面倒と思わず友と捩れ合い、無駄を無駄と思わず過ごしてきたあの輝かしい狂気じみた日々が、この一通のファックスをもって終わりを告げた、と。

今年もまた、太陽の狂気を感じる季節がやってくる。

坂本龍一ほどたゆまぬ自己否定を続けている音楽家は珍しい。衝撃のデビュー作『千のナイフ』からテクノ・ポップスを経て、類稀なる美しいメロディの『戦場のメリークリスマス』『ラストエンペラー』、音そのものに回帰する『out of noise』、そして宇宙の構成元素と同化する異形の傑作『async』まで。坂本龍一の思考のスウィングは人間や地球の領域を超えて、宇宙そのもののように僕には感じられる。残酷と悲惨に血塗られた崇高で静謐な創造。坂本龍一に寄り添うことの官能に、僕は酔い痴れるしかない。

僕は坂本龍一の日本の事務所「Ｋａｂ」の代表取締役をずっと続けている。坂本龍一を聴くことは、僕にとって人生という荒野を旅することであると思っている。

尾崎豊・自己救済としての表現

尾崎豊も『編集者という病い』から再録する。

純愛にさえ、箸休めのような瞬間や駆け引きは付きものです。しかし、一時も気を抜かずにひたすら自分を愛してくれというメッセージを、時にはストレートに、時には逆説的に熱く激しく放ち、最後には命を代償にしてまで友人たちの気を引こうとした人物がいました。

「僕は生きているから苦しいんだ。この酷さや切なさをなんとかしてくれ」と、もがいて全身で叫ぶのが尾崎豊でした。そして「あなたも生きている限り、僕の問題はあなたの問題なんだ。逃がしませんよ。一緒に苦しんでもらいますよ」と。彼が悩んだ重圧と無関係な人は、この世に一人も存在しません。僕も彼の問いかけにギリギリまで苦しめられ、何度か自殺も考えました。そんな彼が死によって僕から永遠に離れた時は、ホッとしました。でも憎しみや怒りを彼に抱いていたのではありません。無理難題を突き付けられることがなくなり、ホッとしただけです。彼が抱えていた人生に対する問題は本質的だったと思うし、形見にもらった彼が愛用した玉虫色のベルサーチのネクタイと共に、ずっと僕のそばにあります。

彼はロックンローラーでありながら曲に日本的なコードを多用し、日本情緒を愛でる琴線を振るわせました。尺八の師匠だったお父さんの影響を受けているんでしょうね。さらに花鳥風月や、物語のセンチメンタリズムの鍵を握る〝時間の秘密〟をも肌で感じていた、希有な人でした。時間が過ぎて行くことや移り変わることに対する、何十年も生きた人でないとわからないような鋭敏な感覚が、彼の綴る歌詞には溢れ出ています。

亡くなる三週間くらい前、最後に寄こした明け方の電話では、決裂状態にあった彼を受け入れられなかったけど、僕は今でも彼を愛しています。

彼の歌が流れて来ると訳のわからない涙と熱さがこみ上げて来て辛過ぎるから、まだC

Dを聴く気になれません。特に一緒につくった『誕生 BIRTH』は……。もしかしたら二、三年後には、穏やかな気持ちで聴くことができるようになるかもしれません。でも心底楽しんで聴けるようになるのは、僕が人生を隠居する時か、編集者としての僕が再び腐る時なんでしょうか？　彼の歌は、そうなった僕を許すでしょうか、裁くでしょうか。彼が僕の家に入り浸った濃密な二年間の苦しみを、フラッシュバックさせずにはおかないでしょうか。

彼が死んだと聞いた時は、少しも驚きませんでした。彼を見限った僕と音楽プロデューサーの須藤くんとアート・ディレクターの田島さんを自分の元に戻って来させるために、死んで見せようとしたんでしょう。でもあの晩の彼は、混濁した意識の中でまだ死なないつもりだったんだろうと思うんです。しかし結局は死んでしまった。あの頃は、毎日滅茶苦茶な状態でしたから。錯乱して車のボンネットに飛び乗ったり、自動販売機に殴りかかって血だらけになったりを繰り返し、あの日はたまたま死んでしまった。自殺みたいなものだったけれど、もう寿命だったんですよ。彼は人の三倍も四倍もの悲しみを溜めてしまっていたから、三倍か四倍の速さでしか生きられなかったのだろうと思います。だから三〇歳過ぎまで生きるはずがないと。

彼のおかげで、自分の贅肉の付き具合を感じました。人は現状維持の方が楽だけど、逆にリスクがある方に向かって進まなければ何も生まれない。そんな生き様を、彼は見せつけて逝ってしまいました。「俺たちの舟は、動かぬ霧の中を、纜を解いて、悲惨の港を目指し、……」とランボーが『別れ』で詩ったように、表現も人間が生きることも、悲惨の港を目指して行くものなんですよね。もしも黄金の何かを目指したら、途中でちょっと座礁しただけで諦めてしまうでしょう。悲惨の港を目指す気持ちになって、初めて出航の決意がつくものなんですよ。

それを僕に教えてくれたのは、尾崎豊。彼が死を賭して改めて突きつけたことに背中を押されて、編集者として腐っていた僕は五人の仲間と共に角川書店を去り、幻冬舎というリスクに向かい始めました。

尾崎豊は「猜疑心」「嫉妬心」「独占心」など負の情念の塊だった。彼は「愛」とか「信頼」「絆」や「友情」「献身」などをまったく信じていなかった。信じていなかったからこそあれだけの歌詞とメロディで、感動的な歌を歌えたのだと思っている。

自己救済が「表現」の初発ならば、尾崎豊ほどオーソドックスな表現者はいなかったと断言できる。30年近くたった今も、尾崎豊の曲が人生のとば口にいる多くの若者を引きつけるのは、誰もが1回は世界を信じられない絶望的な自分を経験するからだろう。

1回はどうしようもない自分の暗黒を通らなければ、人は善く生きることなどできないはずだ。尾崎豊が問いかけたものは、「お前は楽をして生きているのではないか？」という永遠の問いなのだ。

こうした才能たちと密接に関係して、思い知らされたことがある。本物の表現者は例外なく「表現がなければ、生きてはいられない」という強烈な衝動を抱えていることだ。中上健次が抱えてしまった血の蠢(うごめ)き、村上龍が抱えてしまった性の喘ぎ、村上春樹が見てしまった虚無。宮本輝を動かす宇宙的不条理。そうしたものがあるからこそ、彼らは一心不乱に小説を書き、人々の心を動かしているのだ。

一方、僕にはそうした情念がない。だからはっきりと、自分が小説家になるのは無理だと悟った。僕にできることは、彼らの情念を客観的に捉え、それを作品に落とし込むのをアシストすることだけだ。文学において、所詮編集者は偽物の存在だ。

よく僕のところに「作家を目指しています」という若者が来る。僕は「作家など、目指した時点で駄目だ」と答える。本当の作家は、内から出てくるものがあまりに膨大で、気づいたら何かを書いている。

小説教室に通って作家を目指すのは最悪だ。たとえ運良く何かの賞をとったとしても、そうした作家は一作で失速するだろう。僕は魅力を感じない。教室で学べることは、単なるテクニックだ。テクニックで書いてもその人に切実な表現したいものがない限り何も伝わらない。本来はあふれ出る情念と向き合いながら、血反吐を吐く思いで書いたものが、人の心を打つ文学となりうる。そうして書かれていない作品は、ほとんどすべて偽物なのだ。

上手い下手など、極端にいってしまえば、どうでもいい。

石原慎太郎と生きた日々。五木寛之と生きた日々。中上健次と生きた日々。村上龍と生きた日々。林真理子と生きた日々。山田詠美と生きた日々。宮本輝と生きた日々。北方謙三と生きた日々。つかこうへいと生きた日々。森瑤子と生きた日々。坂本龍一と生きた日々。尾崎豊と生きた日々——。

僕は彼らの才能と作品が好きだった。編集者って面白い。間断なく熱狂できた。刺激的でエキサイティングな人生だった。しかし、時間は残酷だ。僕は人生の最終コーナーを回っている。いつの間にか67歳だ。それでも自分の惚れ抜いた才能と伴走したい。秋元康とよじれ合いたい。福山雅治と共振したい。西野亮廣と痛みを分かち合いたい。そのように僕は自分の人生を終えていきたいと思っている。

この章の最後に、僕が今、誰にでも読むことを強くおすすめしている本を一冊だけ挙げておく。恩田陸の『蜜蜂と遠雷』だ。これほどまでに面白くて感動的な作品はなかなかない。

第5章

旅に出て外部に晒され、

恋に堕ちて
他者を知る

『深夜特急』・人生からの脱獄

本書を通じて、読書の意味とは、自分一人の人生では経験できないことを味わい自分の問題として捉え直し、他者への想像力を磨く点にあると述べてきた。実は、他者への想像力という点では、旅と恋愛も自分を大きく成長させてくれる。読書、旅、恋愛。この三つをやり切ることで、人生を豊かに生きることができる。

紀行文学の最高傑作は、なんといっても沢木耕太郎の『深夜特急』だ。この本に触発され、多くの若者がバックパックを背負い放浪の旅へと出た。

沢木耕太郎は友人と「乗合バスでインドのデリーからイギリスのロンドンに行けるか」という賭けをする。デリーに行く前に、最初は香港・マカオに立ち寄る。単なる経由地の予定だったが、サイコロ賭博に魅せられ、思わぬ長居をしてしまう。

次に、バンコク、シンガポールを経てバス旅行の出発地、インドに到着する。ブッダガヤで最下層の子どもたちとの共同生活を体験し、死体が流れるガンジス川では生と死の輪廻について考える。

その後、バスを乗り継いで西へ向かう。パキスタンでは猛スピードで走る車両に乗る羽目になる。トルコで旅の終わりを意識し始め、ボスポラス海峡を越え、ヨーロッパに入って、イタリアからスペインを経由し、ポルトガルの果ての岬サグレスで、旅を終えるタイミングが来たことを悟る。そして友人との約束どおり、ロンドンに向かう。

沢木耕太郎が旅に出た目的は何か。それは「深夜特急」というタイトルに込められている。第一便の冒頭には、以下のようなエピグラフが記されている。

ミッドナイト・エクスプレスとは、トルコの刑務所に入れられた外国人受刑者たちの間の隠語である。脱獄することを、ミッドナイト・エクスプレスに乗る、と言ったのだ。

つまり「深夜特急」とは、自分の人生から脱獄する旅のことを指す。言い換えれば、沢木耕太郎は厄介な自意識から脱却しようとして、長い旅に出たのだ。

伏線は、沢木耕太郎が携えた本に張られている。沢木耕太郎は旅に出るにあたり、世界地図とともに、唐代の詩人、李賀の詩集一冊だけを携帯していた。李賀は「鬼才」と評され、27歳で自殺した詩人だ。つまるところ、若くして自意識から脱却し、生にとらわれない境地に至ったということだ。

対照的に、沢木耕太郎は香港から東南アジア、インド、中東という長い旅路を経ても、一向に自意識から抜け出すことができない。旅の途中では、数々の旅人とすれ違い、なかには旅に没頭するあまり行き倒れた者にも出会った。沢木耕太郎は彼我を隔てるものについて考え続け、ギリシャのパトラスからイタリアのブリンディジに向かう船のなかで、あることに気づいた。それは、「自分は一歩踏み外せなかったために、今こうして生きている」ということだ。

そして船のなかで、以下のような手紙を記した。

僕を空虚にし不安にさせている喪失感の実態が、初めて見えてきたような気がしました。それは「終わってしまった」ということでした。(中略)自分の像を探しながら、自分の存在を滅ぼしつくすという、至福の刻を持てる機会を、僕はついに失ってしまったのです。

さらに、手に持ったウイスキーを海に注ぎ込みながら、李賀について思いを馳せる。

飛光飛光
勸爾一杯酒

二十七歳で自身を滅ぼすことのできた唐代の詩人、李賀がこう詠んだのではなかったか。飛光よ、飛光よ、汝に一杯の酒をすすめん、と。その時、僕もまた、過ぎ去っていく刻へ一杯の酒をすすめようとしていたのかもしれません。

結局、沢木耕太郎は、自意識と自己愛を捨て切ることができなかった。深夜特急に乗ったのに、人生からの脱獄に失敗したのだ。

沢木耕太郎は旅を続け、ロンドンに到着した。友人との賭けに勝ったことを証明するために、電話局を探し、電報を打とうとする。そのシーンで作品は締めくくられる。

私はそこを出ると、近くの公衆電話のボックスに入った。そして、受話器を取り上げると、コインも入れずに、ダイヤルを廻した。

《9273──808242258──7308》

それはダイヤル盤についているアルファベットでは、こうなるはずだった。W、A、R、E──T、O、U、C、H、A、K、U──S、E、Z、U。

《ワレ到着セズ》

と。

見事なラストである。自らの自意識やエゴイズムを滅却できた人は、すでにこの世にいない。現在生きながらえている人は、必ず何らかのエゴイズムを抱えて生きている。それを沢木耕太郎は、《ワレ到着セズ》という言葉で表現したのだ。第一便、第二便を読んできた読者は、このラストで泣き崩れるだろう。

本書に魅せられて、多くの若者が旅に出た。しかしほとんどの旅は浅薄なものだ。それは旅の持つ本質に気づいていないからだ。

旅の本質とは「自分の貨幣と言語が通用しない場所に行く」という点にある。貨幣と言語は、これまでの自分が築き上げてきたものにほかならない。それが通じない場所に行くということは、すべてが「外部」の環境に晒されることを意味する。

そうした環境では自己愛は成立し得ず、裸形の自分がさらけ出される。必然的に自分と向き合わざるを得ない。つまり自己検証、自己嫌悪、自己否定を余儀なくされるのだ。だから僕は、旅ほど人生を改変することに作用するものはないと思う。旅の意味合いをこれほど鮮やかに描いた本はほかにはなく、僕は沢木文学の最高傑作だと考えている。

旅とは「貨幣と言語が通用しない場所に行くこと」だ

第1章にも書いたが、僕は中学時代、旅に関する本を読むことに熱中した。現実の世界では劣等感と疎外感を覚え、常に「ここではないどこかに行きたい」と考えていたからだ。具体的には、小田実の『何でも見てやろう』、植山周一郎の『サンドイッチ・ハイスクール』、大山高明の『アメリカ青春旅行』、加藤恭子の『ヨーロッパの青春』といった紀行本を、寝食を忘れて読みふけった。

特に小田実の『何でも見てやろう』は、沢木耕太郎の『深夜特急』にも比肩すべき、日本紀行文学史に残る作品だ。当時は珍しかったフルブライトの奨学金を獲得した小田が、軍資金２００ドルを持って世界22ヶ国を貧乏旅行する話である。

日本人が簡単に海外に行けなかった時代とはいえ、ほとんど海外についての知識がなく、英語もろくに話せない小田実が行動力だけを武器に旅を重ねていく姿は、高校生だった僕を興奮させた。沢木耕太郎が自意識と向かい合う「内省の旅」だったとすれば、小田実はとにかく見たことのないものを貪欲に吸収する旅だ。そこには悲壮感はなく、カラッと晴れた天気のような快活な雰囲気であふれている。

沢木耕太郎と小田実は、旅の動機は異なっている。しかし長い旅を通じて、見たことのないものを目にし、旅に出る前とは比べものにならないほど思索を深めて旅を終える。その成長を追うことも、旅に関する文学を読む醍醐味と言えるだろう。

沢木耕太郎や小田実ほどスケールは大きくないが、僕にも旅についての原体験がある。高校時代には、清水の港橋から伊豆半島の土肥への定期船が出ていた。僕は夏休みに、一人で船に乗り込み、伊豆半島をヒッチハイクで一周した。ずいぶんこぢんまりした旅に思えるが、ほとんど清水から出たことのなかった僕には、思い切った決断だった。

旅の途中、何度も世間の冷たい風を体感した。親指を立て、ヒッチハイクのポーズをしても、止まってくれる車などほとんどない。一日中、道端でポーズを取り続け、1台も捕まえられないこともあった。

あるとき、1台のトラックが止まり、僕を途中まで乗せていってくれた。しかし降ろされるときに、ドライバーが「金は?」と聞いてきた。僕が「えっ」と戸惑っていると、「てめえ、小僧、金払わないで乗ろうとしたのか」と凄まれ、なけなしの金を払わざるを得ない目にも遭った。

一方、親切な人にも出会った。ある民宿では、僕をタダ同然の値段で泊めてくれた。旅を通じて僕は、「まったくの他人」という存在を初めて意識した。それまで父親が勤務する会社の社宅に暮らしていたため、周囲の住人はみんな顔見知りだった。中学や高校でも、完全に知らない人間はいない。しかしこの旅行では、まったくの他人にすがって歩みを進めなければならない。

そのとき僕は「自分は何者でもない」ことを痛感した。この広い世の中で、ほとんどの人は自分のことなど気にかけていないという厳然たる事実を目の当たりにした。世間に出るということは、すなわち自分を知らない他者のなかで戦うことを意味する。のちに沢木耕太郎の本を読み、旅とは「貨幣と言語が通用しない場所に行くこと」だという本質を言葉にできたのだが、僕はその一端に、すでに触れていたのだ。

最近『何でも見てやろう』や『深夜特急』に比肩すべき旅の作品に出会った。高1の夏休み、たった一人でソ連・東欧の旅に出た佐藤優の『十五の夏』である。旅の本質が見事に描き尽くされている。

取材旅行と称した作家との旅

文芸編集者になってからも、たくさん旅をした。しかしこれまでとは目的が違う。青春時代の旅が、貨幣と言語が通用しない場所で、自分と向き合うためのものだとしたら、文芸編集者になってからの旅は、外国の森羅万象を取材し、作品に魂を込めるための旅だった。

中上健次とはアメリカ西海岸を旅し、宮本輝とは地中海をクルージングした。勝目梓とはスリランカを取材した。僕は自分の行きたいところがあると、作家に対して「この国を舞台にしましょう」と提案する。そして取材旅行と称して、作家と実際にその国に行ってしまった。

全部が全部、本当に取材をするわけではなく、中上健次の場合はアメリカ西海岸旅行の数年後、彼がロサンゼルスに住んでいた時期だったので「最終回はロサンゼルスに原稿を取りに行かなければならないんです」と編集長を説得した。実際にロサンゼルスに行ったら原稿はできておらず、ずっと二人で遊んでいただけということもあった。しかし、そうした無駄とも思える時間のなかで、作品を豊かにする経験が蓄積されていくと僕は信じていた。

今でも強く脳裏にこびりつく五木寛之との旅

また、最もいろいろな場所に行ったのは五木寛之さんとで、パーレビ国王時代のイラン、スペインのバルセロナ、ミラノやフィレンツェをはじめとするイタリア諸都市など、世界各地を回った。

今でも覚えているのは、30代半ばのころに行ったイタリアのミラノである。『晴れた日には鏡をわすれて』という小説の取材という名目で行ったのだが、その小説には、ミラノはほんの少ししか出てこない。

イタリア・モードの中心地とも言える「モンテ・ナポレオーネ通り」や「スピーガ通り」を初めて訪れ、僕は圧倒された。二つの通りには、道の両側にずらっとブティックが並んでいる。路地に入ってもなお、店が並ぶ。僕は思わず、この光景に見とれ「ここにあるものすべてが欲しい」という感覚に襲われた。

五木さんは僕に「これで買い物をしていらっしゃい」とポンと１００万円をくれた。その当時の僕にとってとんでもない大金だ。ジャケットから鞄、靴まで、欲しいものを片っ端から買いまくった。一種の恍惚状態になったとも言えるだろう。あれほど買い物が官能的だと思ったことはない。

現在では当時よりもお金を持つようになり、さまざまな場所での買い物を経験してきたが、あそこまで無軌道に使ったことは一度もない。あれは僕にとって唯一無二の体験で、「物事は徹底的にやり切らなければ見えない世界がある」と感じる出来事だった。

また『燃える秋』の取材で五木さんと行ったイランの情景は今でも強く脳裏にこびりつい

ている。

今でも、あれは現実の時間だったのだろうかと、思うことがある。

場所はイスファハンのシャー・アッバス・ホテルの内庭、五木さんと僕は遅い夕食のあと、熱い紅茶を飲んでいた。大きな月が天空にかかっていて、空気が澄んでいるせいか、その光だけで充分に明るかった。内庭は白樺の木と草花で飾られていて、かすかな植物の匂いがひんやりとした風に乗って伝わって来た。遠くに王のモスクのブルーの丸屋根と長尖塔が見え、どこからかコーランが聞こえた。僕達は何も話さず、何杯も紅茶のお代わりをして、ただ白いベンチに坐っていた。

一六世紀に建築されたシャー・アッバス・ホテルは世界三大ホテルのひとつと言われ、キャラバン・サライ（隊商宿）として栄えた由緒ある伝統を持つ。

僕は紅茶をすすりながら、自分がかつて隊商がシルクロードを往き来した時代にいる幻想に捉われていた。実際、このホテルはその頃とほとんど変わっていないはずだった。時間は停止して、三百年、四百年を一挙に繋げて、今、僕はここにいる――。

五木さんはその時、何を思っていたのだろう。

昼間なのに薄暗い部屋の中で、老婆のとなりに正座して、黙々と自分の数十倍もある絨毯を織っていたいたいけな少女のことだったろうか。

それとも、ホテル近くの古道具屋で買い求めた涙壺にまつわる伝説についてだったのだろうか。

僕達がテヘランのメヘラバード空港に降り立ったのは『燃える秋』の連載が『野性時代』で始まってからちょうど半年たった一九七七年五月二五日の早朝だった。

その朝から五木さんは、バザールの店の一軒、一軒が出してくれる熱い紅茶をスタミナ源にするかのように飲み干し、驚くべきタフさで、女達の一生を吸い取って美しく織り上がる夥しい量のペルシア絨毯を一枚一枚見て回った。

バザールは入口からは考えられないくらい、奥行と幅があって、外国人は誰も入ってこないようなところまで五木さんは入り込んで行くのだった。

僕達は翌日イスファハンに向かった。運よくシャー・アッバス・ホテルの部屋が取れたのである。イスファハンでも五木さんは僕が音をあげるほど精力的に動き回った。あまりにも長くバザールの中にいたため、外へ出ると僕は目が眩んだ。この国では光と影が明瞭に分れすぎる。

シャー・アッバスでの幻想的な夜、僕はとても疲れていたのかもしれない。停止した時間の中で、僕は自分が、遠い昔から伝わる物語の世界の中にいる気がしていたのだった。

『燃える秋』は膨大な時間の流れを貫通して甦った現代の女の生き方の神話なのだ。やがて亜希の愛と別れが人々の精神のひだ奥深くにしみ込んで、時代を象徴する物語となる日がやって来るだろう。

京都、祇園祭り、絨毯、シルクロード、ペルシャ——。

新しい神話の創造のためには、幾時代をも経て生き残ってきた、人々の記憶と営為の集積が必要だった。

神話が神話であるために、幾多の王と王女の物語を編んだ千夜一夜の都で、亜希もまた旅立たねばならない。

〈女子はいかに生くべきか〉

男たちが黄金を追って、砂漠を越え、剣を振るうよりももっと血沸き肉躍る戦いと冒険に、亜希は出発したのである。

(『編集者という病い』より再録)

シャー・アッバス・ホテルの内庭は確かに神話の世界だった。その世界で五木寛之はペルシャ神話の語り部のように佇んでいた。五木寛之の小説を読むとき、僕はいつもあの光景を思い出す。五木寛之の物語世界は時空を超えて人々の細胞に沁み渡るのだ。

村上龍との放蕩

村上龍とも放蕩の限りを尽くした。前章でも触れたが、お互いに20代のころ、『悲しき熱帯』という小説を書くために伊東の川奈ホテルに滞在して、テニス三昧の日々を過ごした。日が高い間は、肌が真っ黒になるまでテニスをして、夜は高級な白ワインを躊躇なく空けた。まさに、エネルギーほとばしる日々だった。そしてその日々は『テニスボーイの憂鬱』という作品に結実した。

炎天下のなか、朝の一〇時から日暮れまで、ひたすらラケットを振りつづける。昼食のブレイク以外の時間は、ただひたすらに四角いコートのなかで一対一のストロークをつづける。「夏はキメル！」というテーマに最も相応しい体験といえば、あのテニス漬けの日々以上のものはない。あれほどひたすらに肉体をいじめ抜き、あれほど毎日汗をかき、あれほど美食を極めた夏はない。村上龍と川奈ホテルで過ごしたあの夏の日々は、強烈なメモリーを刻んだ。

龍とは、ほぼ同時期からテニスをやり始めた。その後、徐々に腕に差がつきはじめ、川奈ホテルにコートを取りはじめた頃には、僕が龍からセットを奪うことは難しくなっていた。当時の龍はテニスに狂っていた。テニスコートに通いつめ、たまに僕も付き合っていたのだが、まず練習量が違っていた。彼には天性の運動神経もあった。

何日も集中してテニスをやりたいとき、僕らは決まって川奈ホテルのテニスコートを押さえた。真夏のシーズンに一週間、ホテルに二人で泊まり込み、ただひたすらにテニスのシングルマッチをやる。女はいない。他にメンバーもいない。川奈はゴルフ場として国内でも有数の名門コースに挙げられるが、当時は二人とも、ゴルフにはまったく興味がなかった。

一セットのうち、僕が龍から二ゲーム以上を奪うことは、かなり至難の業だった。とりわけ彼のバックハンド・スマッシュは強烈だった。テニスのなかでも最も難しいプレーのひとつだと言われる、そのバックハンド・スマッシュを受けると、ほぼリターン不可能だった。しかし、ときには僕のサーブが決まったり、フォアハンドのスマッシュが決まったりすることもある。たまにでも、決まれば気持ちがいい。そんな瞬間にも酔いしれながら、まったく飽きることなく、ひたすらにプレーした。

テニスの後は、川奈ホテルのレストランで美食に酔いしれる。フランス料理、天ぷら、ステーキを毎夜ローテーションで廻しながら食べていた。上質のワインの味にも慣れ親しんだ。シャブリのグランクリュ、コルトン・シャルルマーニュ、ムルソーやモンラッシェなどをオードブルとともに飲む。テニスのあとの冷えた白ワインは、たまらなくうまい。

当時、僕が勤めていた角川書店に対しては、龍が連載小説を書くという名目でここに宿泊していた。しかしその小説を龍はすでに自宅で書き上げてしまっていた。だから延々とテニスをやり、毎日美味いものを食べる、その至福のひとときを、すべて会社持ちで過ごすことができたのだ。

龍の運転するＶＯＬＶＯで川奈ホテルへ向かい、最高の贅沢に酔う。次の日もまた同じことを繰り返す。一週間繰り返し、また数週間後に川奈へ戻ってくる。当時、三〇歳を前に目の前の仕事とひたすら戦う日々を送っていた僕にとって、これは唯一解放された時間だった。龍とはお互い友人として付き合っている仲だから何も気を遣うことはない。ここは若い僕らにとって、最も社会から隔離された、治外法権の空間でもあった。

その後、龍はマガジンハウスの雑誌『ブルータス』にこの川奈ホテルでの日々を書くことになる。贅を極めた日々が、『テニスボーイの憂鬱』という連載小説となって世に出るのだ。龍とは、約二年間そういう生活をつづけた。夏以外にも川奈ホテルへは向かったが、一週間単位でコートを押さえるのは夏の時期だけだった。

その後、僕はウエイト・トレーニングに励んだこともある。ボディビルコンテストに出るつもりでもいた。現在の体型からは考えられないほどに筋肉がついていた。ジョギングにも励み、多くの汗を流した。しかし、龍と川奈ホテルのテニスコートでかいた汗ほど、爽快で純粋な汗はない。一日で二キロ以上痩せる毎日だったのに、よく倒れずにテニスをやりつづけたものだ。

あの夏、二八歳の僕らは、たしかにキメていた。

（『編集者という病い』より再録）

今ではこうした蕩尽を行う編集者も減った。それに僕は、少し寂しい思いがする。デタラメをやり尽くさなければ見えないことも多いからだ。読書し尽くす、飲み尽くす、お金を使い尽くす。動き方が極端であればあるほど、官能が生まれ、文学的なメッセージを帯びる。狂ってこそ初めてわかることがある。

中上健次や林真理子、坂本龍一、尾崎豊もそうだが、僕は才能を認めた作家・アーティストとは、一定期間とんでもなく深く付き合った。睡眠もろくにとらず、文字どおり365日飲み明かす。これ以上ないほど深く付き合うと、その人物の人間性を骨の髄から理解することができ、その後関係が希薄になっても、再び深い関係を構築できる。

結局、作家と編集者は浄瑠璃でいう「道行き」のような関係なのだ。行き着く先は地獄でも、最後の最後まで一緒に道を進むことでしか、新たなものは生まれない。アルチュール・

ランボーの『地獄の季節』のなかの「別れ」のように「俺たちの舟は、動かぬ霧の中を、纜を解いて、悲惨の港を目指」す関係なのである。

恋愛小説こそ読書の王道

旅と同じくらい人間を成長させるのは恋愛だ。恋愛ほど、他者への想像力を磨くものはない。想う相手にどのように声をかければ、自分に振り向いてくれるか。決して答えが出ない問いを四六時中考え続け、勇気を振り絞って声をかける。運良く交際することができても、良好な関係を続けるためには再び多大な努力を要する。いくら自分が心を尽くしても、その気持ちが相手に届くとは限らない。むしろ届かないことのほうが多い。

恋愛とはこれほど理不尽なものである。恋愛のなかで他者への想像力を磨き、相手を振り向かせるための圧倒的努力を重ねた経験は、必ずビジネスにも生きると僕は考えている。恋愛の理不尽さに比べれば、仕事のそれなど甘いものだ。

恋愛をしているとき、人は理屈を超える。内から湧き上がる衝動によって、思わぬ行動をとることもある。そうした本質を端的に表現しているのが、アニー・エルノーの『シンプルな情熱』だ。エルノーは代表作『場所』で、フランス二大文学賞の一つ・ルノードー賞を受賞した女性作家だ。しかし僕は、彼女の最高傑作は『シンプルな情熱』だと思っている。
『シンプルな情熱』は、離婚後一人でパリに暮らす女性教師が、妻子ある若い下品な東欧の外交官と不倫の関係になったことを描いた小説だ。その彼だけのことを想い、逢えばどこでも熱く抱擁する。ロマンチシズムからはほど遠い、激しく単純で肉体的な恋愛を、エルノーが自身の告白として赤裸々に書いている。
冒頭には、彼女の心情を端的に示す、以下のような一節がある。

昨年の九月以降、私は、ある男性を待つこと——彼が電話をかけてくるのを、そして家へ訪ねてくるのを待つこと以外、何ひとつしなくなった。

彼女は男性のことを考えると、「性の虜」になり、他のことが何も手につかなくなるのだ。

私には思えた。ものを書く行為は、まさにこれ、性行為のシーンから受けるこの感じ、この不安とこの驚愕、つまり、道徳的判断が一時的に宙吊りになるようなひとつの状態へ向かうべきなのだろうと。

つまり、恋愛をしている最中には、道徳、倫理、法律といった観念が、一時自分の頭から消え、宙づり状態になるということだ。これほど恋愛の本質について的確に表現している文章はない。エルノーの何とも言えない切ない気持ちが表現された文章が、作中には次々に出てくる。

その男の国（彼は外国人だった）についての新聞記事を読む、
どんな服を着、どんな化粧をするか決める、
彼に手紙を書く、
シーツを替え、部屋に花を活ける、
これは彼が興味を持ちそうだから今度忘れずに伝えなくては、と思うことがあると、それをメモする、
彼とともに過ごす夕べのために、ウイスキーや、果物や、色々なつまみ物を買い揃える、
彼が来たとき、どの部屋で交わることになるか想像する、

一人の知性ある女性が、恋愛に身をやつしていく姿が、迫力を持って語られる。
吉本隆明は『共同幻想論』のなかで、「対幻想だけが共同幻想を突破できる」と述べてい

る。共同幻想とは、共同体が定めたルールや規範といった善悪の基準とか約束事のこと。一方の対幻想とは、母が子を想う気持ち、恋愛する男女がお互いを想う気持ちといった、情愛のことである。情愛は社会のルールや規範を飛び越える。エルノーもまったく同じことを言っているのである。

「私には思えた。ものを書く行為は、まさにこれ、性行為のシーンから受けるこの感じ、この不安とこの驚愕」という一文には、表現活動は性行為と同じく、ルールや規範に関係なく「そうせざるを得ない」という気持ちによってなされることが示されている。これはすべての真実である。

映画でいえば1984年公開の『恋におちて』が、恋愛の本質を映し出している。ロバート・デ・ニーロ扮する建築技師と、メリル・ストリープが演じるグラフィック・デザイナーがニューヨーク・マンハッタンにある大型書店で偶然ぶつかり、互いの荷物が入れ違う。そこから二人の恋愛が始まるという話だ。この二人も、互いに既婚者であるにもかかわらず、恋に堕ちる感情を止めようがなかった。

僕は恋愛小説こそが、読書の王道だと考えている。恋愛小説には、人間の感情のすべてが含まれているからだ。人を想う気持ちもそうだし、その過程で見つめざるを得ないエゴイズムもそうだ。その点でいえば、文学を最も純粋な形で味わおうと思ったら、恋愛がテーマになっているものを選ぶといい。

他者への想像力は恋愛で養え

僕は子どものころから、恋愛には奥手だった。自分の容姿が醜いというコンプレックスがあり、好きになった女性に声をかけられなかった。

それでも高校を卒業するときには、幸運なことに、「学校のマドンナ」と呼ばれた後輩の女子生徒と恋仲になれた。僕はすぐに大学に進学して、東京での下宿生活を始めたため、彼女とは遠距離恋愛をすることになった。

会えない1年間は、とにかく大量に手紙を書いた。僕は何につけても過剰だから、出す手紙の量も多い。普通、文通といえば、こちらが5通書いたら、5通返事が来るものだ。ところが僕が5通書いても、1通ぐらいしか返事が来ない。返事を書くのが追いつかないのだ。でも一人暮らしを始めた僕にとっては、彼女からの手紙だけが楽しみだった。

その恋愛によって僕は初めて、「彼女のためなら何だってする」という感情を知った。そのときまで自分のなかに、「この人のためなら死ねる」という感情があるとは、まったく知らなかったのだ。

僕は彼女と二人でいるとき、何をすれば相手が喜ぶのか、どんなことを言えば傷つくのか、自分の言動で相手がどういう気持ちになるかを想像した。相手の内面を想像することは、すべての人間関係の始まりだ。彼女との恋愛は、僕の他者への想像力を養ってくれた。

だから僕は、読書と同じくらい、恋愛によっても他者への想像力が養われると信じている。決して成就しなくてもいい。片想いでもいい、失恋してもいいから、恋愛はしたほうがいい。恋愛経験が少なかったり、まったく恋愛を知らなかったりする人は、やはり他者への想像力に欠けるところがあるように思う。

困難は読書でしか突破できない

『シンプルな情熱』の邦訳が出版されたのは1993年。ちょうど、幻冬舎を立ち上げたのと同年だ。当時は100人中100人から「見城は失敗する」と言われ、いつ資金がショートするかわからない恐怖と戦っていたころだ。そのときに僕は、『シンプルな情熱』に没頭した。情念によって突き動かされる他者の存在を信じ、同じく情念によって会社を立ち上げた自分を慰めた。当時を乗り切れたのは、この本の存在が大きかったと思う。

思えば僕が本を熱心に読むのは、何らかの困難に陥ったときだ。鶏が先か、卵が先かわからないように、困難を経験したから読書をするのか、読書をするから困難を乗り切れるのかわからないが、読書・困難・読書・困難というサイクルが僕の人生においてずっと続いてきた。だから、困難と読書は不可分の関係にある。

実際、僕の人生には5、6回、本を貪り読んだ時期があるが、例外なく不幸や不安を感じていた。最初は小中学校のとき。容姿が劣っていた僕は、クラスメイトにいじめられ、仲間はずれにされた。両親の夫婦関係は最悪で、家庭内に安らぎはなかった。そのときに「ここではないどこかに行きたい」と、動物や旅の本に熱中したことはすでに述べた。

高校に入って人間関係がリセットされても、僕の苦しみは消えなかった。受験勉強の重圧に苦しみ、恋した女性にも声をかけられなかった。そんな不満を払拭するかのように五味川純平や高橋和巳を読み漁り、自分とは比べものにならないほど苛酷な環境で生きる人々に想いを馳せた。

大学時代は社会の矛盾について思索を深め、革命闘争に命を賭けた人たちの本に傾倒した。アルバイトで稼いだお金は全部、本につぎ込んだ。そして現実の踏み絵を踏み抜けず、学生運動から逃げてしまった自分の弱さに対して目をそらすように、さらに本の世界へと入っていった。

就職したあとは、文芸編集者になりたいと心の底から願った。そして実用書ばかり編集している現況との差を感じ、焦りを覚えた。そのときは新宿ゴールデン街の酒場で出会った若手作家の作品や、周辺の作家の作品を貪り読んだ。念願叶って角川書店の文芸編集者になれたときは、嬉しくてさらに多くの作品を読んだ。

42歳で幻冬舎を立ち上げたときには、不安と戦っていた。誰もが僕の挑戦を「失敗するだろう」と言った。むしろそれは、「失敗してほしい」という嫉妬から来るものかもしれない。そのとき僕は、編集者としてではなく、一人の人間として無性に本が読みたくなった。孤独と不安を読書によって埋めようとしていた。困難に陥ったときには、人は藁にもすがろうとする。そのときに心のよすがをどこから得るかといえば、やはり読書しかない。困難を突破する答えは、スマートフォンで検索すると出てくるように錯覚しがちだ。しかしそうして出てきた答えが、自分の人生を前に進めることはない。

テクノロジーが発達した現代でも、本というローテクなものの価値は失われていない。一心不乱に本を読み、自分の情念に耳を澄ます時期は、必ず自分の財産になる。だから、手軽に情報が取れるようになっただけになおさら、意識して読書の時間を捻出すべきだと僕は考えている。

第6章

血で血を洗う

読書という荒野を突き進め

死の瞬間にしか人生の答えは出ない

僕は今年で68歳になる。この年齢になると、死ぬときのことを考えるようになる。人一倍濃密な人生だったと思うが、それでも過ぎてみればあっという間だ。「人生は一夜の夢よ」である。出版界の未来とか、電子書籍がどうなるとか、そんなことはどうでもいい。僕はエゴイストだから、目下の関心事は「どうやって微笑しながら死ぬか」。それだけだ。

そもそも僕がなぜここまで仕事に没頭するかといえば、死の虚しさから逃れるためだ。子どものころ、近所のおばさんが突然亡くなったことを聞かされ、一日中泣いたことがある。初めて「人間はいつか、必ず死ぬ」という冷徹な事実を理解したのだ。それ以来、僕は常に、いつか来る死の恐怖を振り払いながら勉強し、仕事をしてきた。その想いは、40代、50代を過ぎ、60代も終わりに差し掛かっている今、存在感を増しつつある。

もし人間が死ななかったら、我々が抱えているほとんどの悩みは雲散霧消する。仕事でうまくいかなくても、受験に失敗しても、恋愛が成就しなくても、次のチャンスは無限にやってくる。

しかしそれと引き換えに、今を全力で生きることもなくなり、何かを果たそうとするモチベーションも、達成による歓喜や感動もなくなる。ただ単にフラットな日常が流れていくだけだ。それが人間の生と言えるだろうか。

現実の我々は、死に向かって一方通行に進んでいる。明確な期限が定められているからこそ、限られた時間の生産性を高める必要が生じ、貨幣や法律といった社会システムができた。同時に、死の恐怖はさまざまな作品や思想をもたらした。我々が生きている世界は、死によって規定されていると僕は考える。

さらには、死について考えることができるのは、人間だけである。人間だけが言葉によって死の概念を捉えることができるからである。人間と同じく、動物もいつか死ぬ。しかし言葉を持たない動物は、自分の時間が有限であることを理解しない。本能に沿って毎日を過ごし、徐々に身体が衰えていって一生を終えるだけだ。だから、死を思わない人間は、動物と変わらない。言葉を持たない赤ん坊が動物と変わらないのと同じである。

もしあなたが20代、30代だったとしても、人生はあっという間に過ぎ去っていく。僕も30代から現在までは一瞬だった。「オンリー・イエスタデイ」ではないが、30年前も1ヶ月前も、すべて昨日のことのように覚えている。

平安時代の和歌集を見ると、当時の貴人の人生が有限であることを嘆く歌が数多くある。彼らが涙を流したそのときから、一瞬のうちに１２００年間が過ぎ去って、今があるのだ。

頭で考えれば、死をそんなに怖がる必要もないのかもしれない。死ぬことは、自分が生まれる前の状態に戻ることを意味する。時間という概念自体、人間が勝手に言葉で決めたものだからだ。本来、世界はどこから始まってどこで終わりを迎えるというものでもない。単に連続するフィルムのように、場面が移り変わっているだけなのかもしれない。

そのなかで僕は、映画の登場場面みたいに、一瞬何かの役で出演し、再びいなくなるだけだ。奈良時代にも、大正時代にも、自分はいなかった。そのときに何の苦しみも感じなかったと考えると、自分がいない時代に戻っても、実は苦しむことなど何もないのかもしれない。

と、頭ではわかっていても、やはり死ぬのは怖い。だから、せめて救われるために、死の瞬間に「自分の人生はまんざらではなかった」と思って目を閉じたい。とはいえ、まったく後悔せずに死ねることはあり得ない。おそらく死の間際に、「あれをやりたかった」「これをやりたかった」と後悔すると思う。しかしその後悔を少しでも減らすために、早朝に起き、身体を鍛え上げ、休息なく働き続けているのだ。死ぬときはきっと誰だって苦しいだろう。眠るように死ねればいいが、そんなことは稀なはずだ。痛いだろうし、怖いだろう。しかし僕は最期の瞬間に自分で自分の人生に○（マル）をあげられればそれでいい。

死の瞬間を迎えるとき、僕は何もかも失っているかもしれない。信じていた人に裏切られているかもしれない。しかしどんなに貧乏で、どんなに孤独だったとしても、僕が○(マル)だと思えば○(マル)だ。人が決めることではない。

会社には役員や社員がいるので、会社は彼らのために残したい。しかし僕自身の死後のことはまるでどうでもいい。葬儀もやってもらわなくていいし、墓もいらない。むしろ遺骨は清水とハワイの海に撒いてほしいぐらいだ。生きている間は毎日を生き切り、死後は風や波になりたいと本気で思っている。

絶望し切って死ぬために今を熱狂して生きろ

フランスの小説家、アンドレ・ジッドの『地の糧』は、僕が死について語るとき、必ず引用する作品である。筆者がナタナエルという人物に人生論を説くという文脈で、以下のような一節がある。

行為の善悪を判断せずに行為しなければならぬ。善か悪か懸念せずに愛すること。
ナタナエル、君に情熱を教えよう。

平和な日を送るよりは、悲痛な日を送ることだ。私は死の睡り以外の休息を願わない。私の一生に満たし得なかったあらゆる欲望、あらゆる力が、私の死後まで生き残って私を苦しめはしないかと思うと慄然とする。私の心中で待ち望んでいたものを悉くこの世で表現した上で、満足して――或は全く絶望し切って死にたいものだ。

僕は平和な日々よりも、悲痛な日々のほうが生きている実感を味わえる。ことごとく自分が願うものを成し遂げた上で、それでも全部を果たし切れずに、絶望し切って死にたい。この言葉は僕にとって劇薬である。絶望し切って死ぬために、「お前は今日一日を、最大限生きたのか」と問われているような気持ちになる。

『地の糧』には「夕暮を、一日がそこに死んで行くのだと思って眺め、朝あけを、万物がそこに生れて来るのだと思って眺めよ。」という一文もある。一日の初めに自分は生まれ、一日の終わりに死ぬ。そうした生き方は非常に苦しいが、それこそが本気で生きるということなのだ。

人生は、一寸先は闇である。今この瞬間にも、飛行機が部屋に突っ込んできて死ぬかもしれない。我々は常に暗闇を歩いているようなものだ。そんななかで何かを果たそうと思ったら、安全策を捨て、暗闇のなかでジャンプするしかない。

僕はジッドの言葉を、そのようにして読んでいる。そして現実を動かすエネルギーを得ている。本から何を読み取り、どう動くか。どう自分の生き方に作用させるか。読書は単なる情報収集の手段ではないのだ。

三島由紀夫・自らの観念に殉じて死ぬ生き方

死について書かれた文章を読めば、死について深い思索ができる。なかでも自殺した人が書いた作品ほど、死について正面から向き合っているものはない。

直視できないほどの強烈なエネルギーを発しているのが、三島由紀夫である。三島は憂国の士として、日本国憲法によって武力を奪われた日本の統治体制を問題視し、民兵組織「楯の会」を結成。１９７０年11月25日に「楯の会」のメンバー４名とともに陸上自衛隊の市ヶ谷駐屯地に押し入り、バルコニーでクーデターを促す演説をしたあと、割腹自殺を遂げた。

このニュースに、当時19歳だった僕は、頭を殴られるような衝撃を覚えた。その配られた「檄文」を、『三島由紀夫全集第34巻』より全文引用しよう。

われわれ楯の会は、自衛隊によって育てられ、いわば自衛隊はわれわれの父でもあり、兄でもある。その恩義に報いるに、このような忘恩的行為に出たのは何故であるか。かえりみれば、私は四年、学生は三年、隊内で準自衛官としての待遇を受け、一片の打算もない教育を受け、又われわれも心から自衛隊を愛し、もはや隊の柵外の日本にはない「真の日本」をここに夢み、ここでこそ終戦後ついに知らなかった男の涙を知った。ここで流したわれわれの汗は純一であり、憂国の精神を相共にする同志として共に富士の原野を馳駆した。このことには一点の疑いもない。われわれにとって自衛隊は故郷であり、生ぬるい現代日本で凛烈の気を呼吸できる唯一の場所であった。教官、助教諸氏から受けた愛情は測り知れない。しかもなお、敢てこの挙に出たのは何故であるか。たとえ強弁と云われようとも、自衛隊を愛するが故であると私は断言する。

われわれは戦後の日本が、経済的繁栄にうつつを抜かし、国の大本を忘れ、国民精神を失い、本を正さずして末に走り、その場しのぎと偽善に陥り、自ら魂の空白状態へ落ち込んでゆくのを見た。政治は矛盾の糊塗、自己の保身、権力欲、偽善にのみ捧げられ、国家百年の大計は外国に委ね、敗戦の汚辱は払拭されずにただごまかされ、日本人自ら日本の歴史と伝統を潰してゆくのを、歯嚙みをしながら見ていなければならなかった。われわれは今や自衛隊にのみ、真の日本、真の日本人、真の武士の魂が残されているのを夢みた。しかも法理論的には、自衛隊は違憲であることは明白であり、国の根本問題である防衛が、御都合主義の法的解釈によってごまかされ、軍の名を用いない軍として、日本人の魂の腐敗、道義の頽廃の根本原因をなして来ているのを見た。もっとも名誉を重んずべき軍が、もっとも悪質の欺瞞の下に放置されて来たのである。自衛隊は敗戦後の国家の不名誉な十字架を負いつづけて来た。自衛隊は国軍たりえず、建軍の本義を与えられず、警察の物理的に巨大なものとしての地位しか与えられず、その忠誠の対象も明確にされなかった。われわれは戦後のあまりに永い日本の眠りに憤った。自衛隊が目ざめる時こそ、日本が目ざめる時だと信じた。自衛隊が自ら目ざめることなしに、この眠れる日本が目ざめることはないのを信じた。憲法改正によって、自衛隊が建軍の本義に立ち、真の国軍となる日のために、国民として微力の限りを尽すこと以上に大いなる責務はない、と信じた。

四年前、私はひとり志を抱いて自衛隊に入り、その翌年には楯の会を結成した。楯の会の根本理念は、ひとえに自衛隊が目ざめる時、自衛隊を国軍、名誉ある国軍とするために、命を捨てようという決心にあった。憲法改正がもはや議会制度下ではむずかしければ、治安出動こそその唯一の好機であり、われわれは治安出動の前衛となって命を捨て、国軍の礎石たらんとした。国体を守るのは軍隊であり、政体を守るのは警察である。政体を警察力を以て守りきれない段階に来て、はじめて軍隊の出動によって国体が明らかになり、軍は建軍の本義を回復するであろう。日本の軍隊の建軍の本義とは、「天皇を中心とする日本の歴史・文化・伝統を守る」ことにしか存在しないのである。国のねじ曲った大本を正すという使命のため、われわれは少数乍ら訓練を受け、挺身しようとしていたのである。

しかるに昨昭和四十四年十月二十一日に何が起ったか。総理訪米前の大詰ともいうべきこのデモは、圧倒的な警察力の下に不発に終った。その状況を新宿で見て、私は、「これで憲法は変らない」と痛恨した。その日に何が起ったか。政府は極左勢力の限界を見極め、戒厳令にも等しい警察の規制に対する一般民衆の反応を見極め、敢て「憲法改正」という火中の栗を拾わずとも、事態を収拾しうる自信を得たのである。治安出動は不用になった。政府は政体維持のためには、何ら憲法と抵触しない警察力だけで乗り切る自信を得、国の根本問題に対して頬っかぶりをつづける自信を得た。これで、左派勢力には憲法護持の飴玉をしゃぶらせつづけ、名を捨てて実をとる方策を固め、自ら、護憲を標榜することの利点を得たのである。名を捨てて、実をとる！　政治家にとってはそれでよかろう。しかし自衛隊にとっては、致命傷であることに、政治家は気づかない筈はない。そこでふたたび、前にもまさる偽善と隠蔽、うれしがらせとごまかしがはじまった。

銘記せよ！　実はこの昭和四十五年（ママ）十月二十一日という日は、自衛隊にとっては悲劇の日だった。創立以来二十年に亘って、憲法改正を待ちこがれてきた自衛隊にとって、決定的にその希望が裏切られ、憲法改正は政治的プログラムから除外され、相共に議会主義政党を主張する自民党と共産党が、非議会主義的方法の可能性を晴れ晴れと払拭した日だった。論理的に正に、この日を堺（ママ）にして、それまで憲法の私生児であった自衛隊は、「護憲の軍隊」として認知されたのである。これ以上のパラドックスがあろうか。

われわれはこの日以後の自衛隊に一刻一刻注視した。われわれが夢みていたように、もし自衛隊に武士の魂が残っているならば、どうしてこの事態を黙視しえよう。自らを否定するものを守るとは、何たる論理的矛盾であろう。男であれば、男の矜りがどうしてこれを容認しえよう。我慢に我慢を重ねても、守るべき最後の一線をこえれば、決然起ち上るのが男であり武士である。われわれはひたすら耳をすました。しかし自衛隊のどこからも、「自らを否定する憲法を守れ」という屈辱的な命令に対する、男子の声はきこえては来なかった。かくなる上は、自らの力を自覚して、国の論理の歪みを正すほかに道はないことがわかっているのに、自衛隊は声を奪われたカナリヤのように黙ったままだった。

われわれは悲しみ、怒り、ついには憤激した。諸官は任務を与えられなければ何もできぬという。しかし諸官に与えられる任務は、悲しいかな、最終的には日本からは来ないのだ。シヴィリアン・コントロールが民主的軍隊の本姿である、という。しかし英米のシヴィリアン・コントロールは、軍政に関する財政上のコントロールである。日本のように人事権まで奪われて去勢され、変節常なき政治家に操られ、党利党略に利用されることではない。

この上、政治家のうれしがらせに乗り、より深い自己欺瞞と自己冒瀆の道を歩もうとする自衛隊は魂が腐ったのか。武士の魂はどこへ行ったのだ。魂の死んだ巨大な武器庫になって、どこへ行こうとするのか。繊維交渉に当っては自民党を売国奴呼ばわりした繊維業者もあったのに、国家百年の大計にかかわる核停条約は、あたかもかつての五・五・三の不平等条約の再現であることが明らかであるにもかかわらず、抗議して腹を切るジェネラル一人、自衛隊からは出なかった。

沖縄返還とは何か？　本土の防衛責任とは何か？　アメリカは真の日本の自主的軍隊が日本の国土を守ることを喜ばないのは自明である。あと二年の内に自主性を回復せねば、左派のいう如く、自衛隊は永遠にアメリカの傭兵として終るであろう。

われわれは四年待った。最後の一年は熱烈に待った。もう待てぬ。自ら冒瀆する者を待つわけには行かぬ。しかしあと三十分、最後の三十分待とう。共に起って義のために共に死ぬのだ。日本を日本の真姿に戻して、そこで死ぬのだ。生命尊重のみで、魂は死んでもよいのか。生命以上の価値なくして何の軍隊だ。今こそわれわれは生命尊重以上の価値の所在を諸君の目に見せてやる。それは自由でも民主主義でもない。日本だ。われわれの愛する歴史と伝統の国、日本だ。これを骨抜きにしてしまった憲法に体をぶつけて死ぬ奴はいないのか。もしいれば、今からでも共に起ち、共に死のう。われわれは至純の魂を持つ諸君が、一個の男子、真の武士として蘇えることを熱望するあまり、この挙に出たのである。

真の武士の魂は自衛隊にのみ残っている。しかし憲法は自衛隊を否定する。許せないことに、自衛隊は自らを否定する憲法に対して、何ら声を上げていない。だから三島は、命を賭けて自衛隊員に一世一代のアジテーション演説を行ったのだ。

腐り切ってしまった日本を正すため、三島は自衛隊に決起を呼びかける。しかし彼の言葉に耳を傾ける者はいなかった。ほとんどが野次を飛ばすか、彼を嘲笑する者ばかり。絶望した三島は、同志とともに総監室で割腹自殺を遂げる。

三島由紀夫の最後の演説も全文書き起こす。

私は、自衛隊に、このような状況で話すのは恥ずかしい。しかしながら、私は自衛隊というものに、この日本の……[※1]思ったから、こういうことを考えたんだ。そもそも日本は、経済的繁栄にうつつを抜かして、ついに精神的空白状態に陥って、政治はただ謀略、自己保身だけ。作り上げられた体制は何者に歪められたんだ！　これは日本でだ。ただ一つ、日本人の魂を持っているのは、自衛隊であるべきだ。われわれは、自衛隊に対して、日本人の根底にあるという気持ちを持って戦ったんだ。しかるにだ、われわれは自衛隊というものに……[※1]心から……[※1]。

[※2]静聴しろ、静聴。静聴せい。静聴せい。

自衛隊が日本の国軍……[※1]たる裏に、日本の大本を正すということはないぞ。ということをわれわれが感じたからだ。それは日本の根本が歪んでいるんだ。それを気がつかないいんだ。日本の根源の歪みに気がつかない。それでだ、その日本の歪みを正すのが自衛隊、それがいかなる手段においてだ。

[※2]静聴せい。静聴せい。（野次激しくなる）

そのために、われわれは自衛隊の教えを乞うたんだ。

静聴[※2]せいと言ったらわからんのか。静聴せい。（「英雄気取り[※3]になってるんじゃないぞ」）

しかるにだ、去年の10月の21日だ。何が起こったか。去年の10月21日に何が起こったか。去年の10月21日にはだ、新宿で、反戦デーのデモが行われて、これが完全に警察力で制圧されたんだ。俺はあれを見た日に、これはいかんぞ、これで憲法が改正されないと慨嘆したんだ。

なぜか。それを言おう。なぜか。それはだ、自民党というものはだ、自民党というものは、つねに警察権力によっていかなるデモも鎮圧できるという自信を持ったからだ。

治安出動はいらなくなったんだ。治安出動はいらなくなったんだ。治安出動がいらなくなったのが、すでに憲法改正が不可能になったんだ。わかるか、この理屈が。

諸君は、去年の10・21からあと、諸君は去年の10・21からあとだ、もはや憲法を守る軍隊になってしまったんだよ。自衛隊が20年間、血と涙で待った憲法改正ってものの機会はないんだよ。もうそれは政治的プログラムから外されたんだ。ついに外されたんだ、それは。どうしてそれに気がついてくれなかったんだ。

去年の10・21から1年間、俺は自衛隊が怒るのを待っていた。もうこれで憲法改正のチャンスはない！　自衛隊が国軍になる日はない！　建軍の本義はない！　それを私は最も嘆いていたんだ。自衛隊にとって建軍の本義とはなんだ。日本を守ること。日本を守るとはなんだ。日本を守るとは、天皇を中心とする歴史と文化の伝統を守ることだ。

[※2]おまえら聞けぇ、聞けぇ！　興奮しない。話をしない。話をしない。話を聞けっ！　男一匹が、命をかけて諸君に訴えてるんだぞ。いいか。いいか。

それがだ、いま日本人がだ、ここでもって起ち上らなければ、自衛隊が起ち上らなきゃ、憲法改正ってものはないんだよ。諸君は永久にだねえ、ただアメリカの軍隊になってしまうんだぞ。諸君の任務というものを説明する。アメリカからしかこないんだ。シビリアン・コントロール……[※1]シビリアン・コントロールに毒されてんだ。シビリアン・コントロールというのはだな、新憲法下で堪えるのが、シビリアン・コントロールじゃないぞ。

どうしてそれが自衛隊……[※1]だ。（ひどい野次）

そこでだ、俺は4年待ったんだよ。俺は4年待ったんだ。自衛隊が起ち上る日を。そうした自衛隊で4年待ったのは、最後の30分に、最後の30分に……[※1]俺はいま待ってるんだよ。

諸君は武士だろう。諸君は武士だろう。武士ならば、自分を否定する憲法を、どうして守るんだ。どうして自分の否定する憲法のため、自分らを否定する憲法というものにペコペコするんだ。これがある限り、諸君てものは永久に救われんのだぞ。

諸君は永久にだね、今の憲法は政治的謀略に、諸君が合憲だかのごとく装っているが、自衛隊は違憲なんだよ。自衛隊は違憲なんだ……[※1]憲法というものは、ついに自衛隊というものは、憲法を守る軍隊になったのだということに、どうして気がつかんのだ！　どうしてそこに気がつかんのだ！　どうしてそこに縛られて気がつかんのだ！　俺は諸君がそれを起つ日を、待ちに待ってたんだ。諸君はその中でも、ただ小さい根性ばっかりに惑わされて、本当に日本のために起ち上るという気はないんだ。

（「そ[※3]のために、われわれの総監を傷つけたのはどういうわけだ」）

抵抗したからだ。（「抵[※3]抗とはなんだ」）憲法のために、日本の骨なしにした憲法に従ってきた、ということを知らないのか。諸君の中に、一人でも俺といっしょに起つ奴はいないのか。

一人もいないんだな。よし！　武というものはだ、刀というものはなんだ。自分の使命と心に対して……。[※1]それでも武士か！　それでも武士か！

諸君は憲法改正のために起ち上らないと、見極めがついた。これで、俺の自衛隊に対する夢はなくなったんだ。

それではここで、俺は、天皇陛下万歳を叫ぶ。

（「おい、降りろ」「マイク」「あの旗を降ろそう」「降ろせ、こんなの」などの野次にかき消され、「天皇陛下万歳」は聞こえない）

※1　……は、聞き取り不能
※2　野次に対する三島の叱咤
※3　野次

――『新潮45　2010年12月号』の「バルコニーでの『最後の演説』」より引用
（文化放送報道部が収録した音源をもとに作成したもの。※は編集部注）

『潮騒』にしても『金閣寺』にしても『豊饒の海』にしても、彼ほど繊細に日本語を駆使す言葉で綴る作家はほかにいない。日本語は彼にとってのすべてである。それだけに三島は、言葉で綴られた日本国憲法の欺瞞が許せなかった。自衛隊ができてからの日本の戦後20年はまやかしだと三島由紀夫は言っているのだ。だから、積み重ねたすべての作品を犠牲にしても、彼は死ぬ価値があると考えた。これはまさに、言葉を突き詰めてしまった者が、必然的に選ばざるを得ない最期である。

三島はおそらく、腹に短刀を突き立てるその瞬間、絶望し切っていたことだろう。しかし同時に、やることはやったという思いで満たされたはずだ。「絶望し切って死ぬ」という僕の理想を、彼は体現したのだ。

三島を介錯し、後を追って自決した森田必勝も、素晴らしい辞世を残している。

今日にかけて　かねて誓ひし　我が胸の　思ひを知るは　野分のみかは

今日まで抱き続けてきた自分の思いを知るものは、野に吹く風しかないという意味だ。ここには澄んだ気持ちで死を受け入れる若者の想いが表現されている。森田は心の底から、日本の矛盾を正すためなら、自らの死を引き換えにしても惜しくないと感じたのだ。

三島由紀夫は綺麗に腹をさばけなかったが、森田は真一文字に腹をさばき、古賀浩靖の介錯によって死んでいった。まるで戦国武士のような肝の据わり方だ。

この様子を見て、部屋に人質として拘束されていた自衛隊の益田兼利総監も、当初は「君たち、やめるんだ！」と叫んだが、二人が自決したあと、縄を解かれて「君たちは美しい」と言ったと聞く。自分の信念を貫いて死を決然と受け入れる姿に、同じ日本人として感じ入るものがあったのだろう。

僕は、彼の自決そのものが一つの文学だと考えている。

吉田松陰の「かくすれば　かくなるものと　知りながら　やむにやまれぬ　大和魂」ではないが、死ぬとわかっていながら動かざるを得ないという切羽詰まった気持ちで自らの観念に殉じて死ぬ生き方には胸を打たれる。

戦後73年がたった。日本国憲法はまだ改正されていない。

現実の踏み絵を踏み抜かない理想に意味はない

もう一つ、僕の死生観に決定的な影響を与えたのが、第2章でも述べた日本赤軍によるテルアビブ・ロッド国際空港の銃乱射事件である。三島自決の1年半後、１９７２年5月30日に起きたこの事件は、多感な時期の僕に、生涯消えない爪痕を残した。

奥平剛士、安田安之、岡本公三が空港で銃乱射事件を起こし、多数の死傷者が出たが、奥平と安田は現地の警備兵によって射殺され、岡本は自決に失敗して逮捕された。

いくら高邁な理念を説いても、それを貫徹しようとすれば、必ず現実の壁に直面する。いわば、現実の踏み絵を踏むことを余儀なくされる。そのときに、奥平、安田、岡本は見事に踏み絵を踏み抜いたのだ。このニュースによって、「逮捕されたくない」と運動から逃げ出そうとしていた僕は、どうしようもない劣等感を覚えた。

その後の僕は、運動と決別し、自分が忌み嫌った資本主義社会で台頭することで、この世の中の醜さを証明することを心に決めた。２００５年に幻冬舎から出した『ジャスミンを銃口に　重信房子歌集』という本がある。

重信房子は、言わずと知れた日本赤軍の最高幹部である。テルアビブ事件後の１９７４年、オランダのハーグでフランス大使館占拠事件、通称「ハーグ事件」を起こし、国際手配される。世界各地を転々としながら逃亡していたが、２０００年ごろに密かに日本に帰国し、潜伏しているところを大阪府警に逮捕される。現在は懲役20年の刑に服している。

そんななか、僕は獄中の重信と手紙のやりとりをし、革命闘争中に重信が詠んだ歌を収録した歌集を手掛けた。僕が特に好きなのは、次の歌だ。

草原に　身をひるがえし　蝶を追う　決死の闘い　ひかえし君は

「君」とは奥平剛士のことである。重信房子と奥平剛士は恋人関係にあった。これから決死の戦いに臨むというとき、二人は最後のデートをする。そこで奥平剛士は、パレスチナの草原で無邪気に蝶を追い、澄んだ気持ちで重信房子に別れを告げたのだ。覚悟を決めた者の気持ちがどれほど強いかを実感させられる歌だ。

同じく日本赤軍の檜森孝雄は、レバノン・ベイルートの海で訓練中に事故死した山田修の遺体に付き添って1972年に帰国した。本来は奥平剛士とともにロッド空港に降り立つはずだった檜森孝雄は、襲撃に加わることができなかった負い目を生涯抱えることになった。その後、身を律して生きながら、パレスチナの虐げられた人々を支持し、2002年3月30日、シオニスト政権に抗議する「パレスチナ土地の日」に日比谷公園で焼身自殺を遂げた。享年54。これによって檜森孝雄は、かつての友との約束を果たし、ようやく彼らの墓標に並ぶことができたのだ。

三島にせよ日本赤軍のメンバーにせよ、自分の抱いた観念に殉じると決めて実行するのに、どれほどの精神の振幅があったのだろうか。

「夢」や「希望」など豚に食われろ

自分が選び取った言葉を突き詰めることはこれほどまでに苛酷なものだ。

それに関していえば「夢」「希望」「理想」「情熱」「野心」「野望」について熱っぽく語る人間は嫌いだ。これほど安直な言葉はない。

僕のところにはいろんな若者が会いに来るが、「社会や人の役に立つのが夢だ。だから起業したい」と言う人がいる。結果が一つも出ていないで語るそんな言葉は豚の餌にでもなればいい。悪戦苦闘して匍匐前進している人たちは決してそんな言葉を口にしない。何かを目指す者は「地獄」と「悪夢」を身をもって生きたらいい。結果はそこからしか出てこない。

夢や希望を語るのは簡単だ。語り始めたら、自分が薄っぺらになる。野心も同じだ。自己満足でしかない。そんなものは捨てたらいい。そんなものと無関係に生きようとしたとき、人は匍匐前進の一歩を踏み出している。日々を自己検証しながら圧倒的努力で生きる。やがて結果が積み上がる。目指していたものに手が届く。実現する。そのとき、静かに嚙み締めるように、これが自分の夢だったんだと語ればいい。

僕が親しくしている起業家たちは、会社を成長させる過程で、夢や希望をむやみに語らず、圧倒的努力で現実と格闘していた。

楽天の三木谷浩史は創業間もないころ、2日に1足、靴を履き潰し、楽天に出店してくれる個人商店を探し回った。サイバーエージェントの藤田晋も、デジタル広告を出稿してくれる会社を探すため、毎日100軒、飛び込み営業を行った。

GMOインターネットグループの熊谷正寿は、黎明期のインターネットビジネスに着目し、競合に先んじるため、数日間ほとんど睡眠を取ることなくサービス・システム構築に専念した。ネクシィーズグループの近藤太香巳はベンチャーという言葉もない時代に、高校を中退して50万円を元手に19歳で起業して営業に明け暮れた。いつ眠ったか覚えていないという。

Avexの松浦勝人は上大岡の貸レコード店でアルバイトをしながらユーロビートを聴きまくり、世界のダンスミュージックに日本中の誰よりも詳しくなっていた。彼らを見ていると、現実と格闘している最中には、夢や希望を語る暇などないことがよくわかる。

同様に「成功」という言葉も大嫌いだ。「成功」とはプロセスとして、そのときの一つの結果にすぎない。「成功」かどうかは自分の死の瞬間に自分で決めるものだ。それまでは全部途中経過だ。貧しくても惨めに見えてもいい。自分が最期の瞬間、微かにでも笑えるならその人の人生は「成功」なのだ。

「僕は成功したい」と言う人に対しては「君は成功をどういう概念で捉えているのか。何が成功なのか、君の言葉でちゃんと説明してごらん」と言うと、大体の人は答えられない。

言葉はそれほどまでに重いものである。夢や希望や成功という言葉を使えるだけ、自分は考え抜いているか。そのことを問い直し、もし考え抜いていないと思ったら、思考する言葉を手に入れてほしい。それは読書を通じて手に入れられるはずだ。

血で血を洗う読書という荒野を突き進め

最後に、1987年にフランスで公開された『ベルリン・天使の詩』という映画を紹介したい。映画としては凡作だが、メッセージは面白い。この作品では、天使は「認識者」、人間は「実践者」として描かれている。

主人公の天使は「認識者」として、生を営む人間を見守る立場だった。「認識者」でいる限りは永遠の生を保証され、ベルリンの2000年の歴史における、人々の喜びと悲しみを傍観し続ける。生きる営みに参加するわけではないので、傷ついたり、悩んだり、苦しんだりすることはない。ここまでの様子は、モノクロームの映像として表現される。

しかし主人公は、やがて一人の人間に恋をし、地上に降りる。すると「実践者」の立場に変わる。実践者の立場は、辛く、苦しい。主人公は不老不死の能力を失い、血を流し、悩みながら生きる、有限の生を歩むことになる。ここから先は、カラーの映像として表現される。社会のなかで何も実践していないときは、人間は「天使」だ。しかしいざ、現実の生を生きようとしたときに、さまざまな困難や危険に晒される。葛藤し苦悩し、血を流さずにはいられなくなる。つまり「天使」ではいられなくなるのだ。

実践者になるということは、血を流したり、返り血を浴びたりしながら、清濁併せ呑むことを意味する。人間は、認識者から実践者になることで真に成熟し、人生を生き始めることができる。

しかし世の中には、認識者にすらなれない人間が多い。「認識者」という土台なくして、良き実践者になることは絶対に不可能だ。優れた認識者でなければ、優れた実践者にはなれない。そして認識者になるためには、読書体験を重ねることが不可欠だ。

映画では、主人公がそうであったように「元・天使」のキャラクターが登場する。主人公は誰が「元・天使」であったかを見分けられる。それと同じように、目の前に読書体験を重ねた人がいれば、僕はその人が「かつて優れた認識者であった」と判断できる。

読書によって他者への想像力や生きるための教養を磨き、まずは認識者になる。つまり世の中の事象と原理を理解する。その上で、覚悟を決めて実践者になる。いったん実践者になれば、暗闇のなかでジャンプし、圧倒的努力を以て、目の前の現実を生き切るのみだ。

読書とは自己検証、自己嫌悪、自己否定を経て、究極の自己肯定へと至る、最も重要な武器なのである。生きていくということは矛盾や葛藤を抱えて、それをどうにかしてねじ伏せるということだ。

認識者でいるうちは理想や夢や希望を語っていれば、それでいい。しかし、読書で得た認識者への道筋は、矛盾や葛藤をアウフヘーベンしなくては意味がない。それが「生きる」ということだ。認識者から実践者へ。天使から人間へ。読書から始まった長大な旅は、認識者を経て、人間へとジャンプする。共同体のルールを突破して個体の掟で現実を切り開く、地獄の前進へ。血を流し、風圧に耐えながら、自己実現の荒野へ。

吉本隆明が『マチウ書試論』で摑み取った自己肯定の極北を。すなわち、血で血を洗う読書という荒野を、僕は泣きながら突き進むしかない。

おわりに　絶望から苛酷へ。認識者から実践者へ

「一期は夢よ、ただ狂え」

僕の敬愛する作家、団鬼六がよく使っていた言葉である。

人生は短く、一瞬で消える夢のようなものだ。だから真面目くさって生きるのではなく、ただ狂って色濃く生きればいい。酒、女、博打に溺れた日々を送り、SM小説の大家として問題作を書き続け、アウトローたちとも親しく交際した団さんの人生をそのまま表している言葉だ。

僕はこの言葉が大好きだ。人生なんて一夜の夢にすぎない。だったら極端をやり切ったほうが面白い。『宿命の壁』『花と蛇』『外道の群れ』といった彼の作品群は、すべてこの思想をベースに書かれている。特に『真剣師　小池重明』は傑作である。

編集者として付き合った団さんは、その日が楽しければそれでいいという人だった。原稿料はすべて、もらった瞬間から酒やギャンブルや女に使ってしまう。まだ企画が通っていない作品の原稿料や文庫の印税を見込んで散財する。僕が、「この企画を通さなかったら、団さんが破産する」と冷や汗をかいたこともしばしばだった。

「ただ狂え」のほかに、団さんはよく、「ただ遊べ　帰らぬ道は誰も同じ　柳は緑　花は紅」という江戸初期の小唄を口ずさんでいた。「誰の人生も後戻りはできないから、ただ好きなことをやればいい。柳が緑で、花が紅であるのと同じぐらい自明なことだ」という意味で、こちらも団さんの生き方を象徴している。

生活が破天荒であればあるほど、団さんの作品は彩りに満ち、多くの大衆に愛された。ただ、団鬼六は、16歳でオペラ歌手になると決意したことを皮切りに大学時代は演劇に熱中、劇作家としてデビューし、翻訳の仕事をしながら小説も発表、中学の英語教師をはじめ、テレビや映画の仕事も猛烈にこなしている。生涯、小説を書き続け200以上の本を出版している。ものすごい量の仕事をやり遂げた上で、「一期は夢よ、ただ狂え」と言っているのである。

民主主義国家を揺るがす変態性癖、非定住者、暴力

団鬼六と、『野獣死すべし』『汚れた英雄』で知られる大藪春彦、『麻雀放浪記』が有名な阿佐田哲也。僕は角川書店時代、この3人の作品をなんとしてでも角川文庫に収録しなければならないと考えていた。

彼らの作品は、名もなき小さな出版社から刊行され、地下水脈のように市井の人々の間に広まっていた。わずかな給料を得てつつましやかに暮らす人々が、一杯の焼酎とともに、彼らの作品を手に取って束の間の息抜きをする。そんな小説を収録せずして、角川文庫は「国民的文庫」を標榜できないと考えたからだ。

彼らの作品は、民主主義国家にとっては都合が悪い。なぜか。それは民主主義国家の支配を揺るがす三つの要素を含んでいるためだ。

その三つとは、変態性癖、非定住者、暴力である。団鬼六は、人間が快楽を前にすると、道徳のタガが外れ、自分の性癖の変態性を隠さないことを小説として描いた。

大藪春彦は鉄の意思で人を殺す小説を書き、「暴力は良くない」という支配者の言葉のまやかしを暴いた。持たざる者にとって、自分の欲求を実現するためには暴力しかないことを、大藪春彦は鮮烈に表現した。

阿佐田哲也は、定住せずに博打を打ちながら放浪する人々を描いた。税金などもちろん払わない。民主主義国家は国民を管理する際に、「住所」と「税金」を用いる。非定住者は間違いなく、社会の秩序を揺るがす存在だった。

角川文庫に収録後、3人の作品はよく売れた。一部の評論家からは「非道徳的だ」と非難されたが、そうしたつまらない共同体の道徳的基準に関係なく、彼らの作品は人々の細胞に浸透していったのだ。

しかし、角川書店の当時の角川歴彦専務から「こんな品がないものを出すのは許さない」と団さんの作品の文庫化中止を言い渡された。僕は「これこそが大衆のための文庫ではないか」と反論したが、どうすることもできなかった。

団さんに打ち切りを伝えに行くと「それは困る、俺は金が入ってくると思って、家を買ってしまった」との答え。そこで僕は「わかりました。もう少し待ってください。僕が独立しますから、そこで出しましょう」と咄嗟に切り返した。そのときは幻冬舎をつくることなど考えてもいなかったから、その時点でははったりだった。しかし、僕はその後まもなく幻冬舎を設立し、幻冬舎アウトロー文庫を創刊した。そのなかに団さんのほとんどの作品は収録された。莫大な印税を支払ったことはいうまでもない。

言葉を肉体化せよ

実は「ただ狂え」という言葉は、団鬼六のオリジナルではない。室町時代に編まれた歌謡集『閑吟集』に収録されているものだ。室町時代は既存の秩序が揺らぎ、中央集権から群雄割拠の戦国時代へと移行する時期である。そのため、人々の思想も刹那的で虚無的になる。

「ただ狂え」の歌には、そうした世相が反映されている。

「ただ遊べ　帰らぬ道は誰も同じ　柳は緑　花は紅」も、戦国時代の流行歌「隆達節」が出典である。戦乱や疫病で多くの人々が亡くなるなか、「一生は短い」と虚無的で享楽的になっている様子がわかる。

僕は「ただ狂え」と言われると、すぐに団鬼六の破天荒な人生が頭に浮かぶ。なぜか。それは団鬼六がこれらの言葉を肉体化し、生き方に反映させていたからである。

団鬼六は馬車馬のように働き、その苦闘のなかで、一生は夢だ、狂わな損、遊ばな損という境地に達したのである。

このように、もともとは歌謡集の言葉であっても、自分の内で肉体化し、自分の言葉として獲得することは可能だ。必ずしも頭のなかだけからひねり出さなくてもいい。読書を通じて数々の言葉に出会い、そこから人生の指針となる言葉をすくい上げ、肉体化し、実践していけば、言葉を自分のものとして獲得できるのだ。

つかこうへいによるドラマトゥルギー

さて、つかこうへいのことを書かねばならない。

高橋三千綱、中上健次、立松和平は僕が角川書店に入社する前からの付き合いだったが、入社して、文芸誌「野性時代」に配属されて、最初に会いに行ったのはつかこうへいである。つかこうへいは25歳のとき、当時最年少で『熱海殺人事件』で岸田國士戯曲賞を受賞。新潮社から同名の戯曲集が出版されていた。僕より2歳半上の27歳だった。場所は、九段下のホテルグランドパレスのバー。夜9時の待ち合わせだった。僕はまだ、彼の芝居は観ていなかったが、確かに本に収録されている戯曲は、ドラマトゥルギーが新鮮で、言葉の応酬に衝撃を受けた。その感想を僕が熱っぽく伝えていると、つかこうへいは突然僕の話を制止して、「僕は朝鮮人なんですよ」と、ぽつりと言った。そのときつかこうへいが何を言わんとしたのかはもう確かめようがない。つかこうへい自身も、生きていたところで忘れているだろう。

その後、僕はつかこうへいの芝居に通い詰め、稽古にも毎回顔を出した。『熱海殺人事件』は、僕の持っていた芝居の概念を根底から覆した。芝居とはこんなにも面白くて感動的で衝撃的なものなのかと、僕はつか芝居で初めて知ったのだ。

『熱海殺人事件』にしても、『蒲田行進曲』にしても、『郵便屋さんちょっと』『ストリッパー物語』『寝盗られ宗介』『初級革命講座　飛龍伝』『広島に原爆を落とす日』などすべての作品に通底しているのは、差別の構造である。つかこうへいはその差別を、これでもか、これでもか、というように偽悪的に暴き立てる。『熱海殺人事件』では、集団就職で上京してきた、毎日油まみれになって働く中卒の工員が、熱海の海岸で中卒の女工を腰ひもで絞め殺すという事件を、刑事たちがなんとか自分たちが捜査するにふさわしい派手な事件に成長させようとする物語である。『蒲田行進曲』は、スターの俳優が、売れない大部屋俳優に自分が手を出した女優を引き受けさせる物語である。そこに共通するのは、強者と弱者、持つ者と持たざる者、サディズムとマゾヒズムのドラマトゥルギーである。敗者を徹底的にいたぶり、勝者の専横ぶりを誇張しながら両者の哀切に満ちた複雑な関係性を暴き出し、生きるということの絶望と苛酷を、痛々しいまでの愛情で展開させる。敗者は徹底的に敗者の虚構を演じ、勝者は徹底的に勝者の虚構を演じ切る。音楽がその感情を増幅させるかのように劇的に使われ、笑いと涙と感動の空間が現出する。容疑者はあくまでも容疑者らしくなければならず、部長刑事はあくまでも非情な部長刑事でなければならない。スターはあくまでもサディスティックで派手な虚構を演じ、大部屋俳優はあくまでも、そのスターに尽くすマゾヒスティックな虚構を貫徹しなければならない。スターに捨てられる売れない女優は、その不幸な運命の典型に必死で耐える。

容疑者はこうあらねばならない、刑事はこうあらねばならない、スターはこうあらねばならない、階段落ち専門の大部屋俳優はこうあらねばならない。その「あらねばならない姿」に追いつけたり、追いつけなかったりする滑稽さが、異様な感動を伴って観客を魅了する。

言葉の持つパワーが、これほど全開になる光景は、ほかの演劇では僕にとっては絶対に経験できないものだった。つかこうへいと最初に会ったとき、彼が僕を制止して放った「僕は朝鮮人なんですよ」という言葉が、甦ってくる。彼は、正しい容疑者はどうあるべきか、正しい刑事はどうあるべきか、正しいスター俳優はどうあるべきか、正しいストリッパーはどうあるべきか、正しい妻を寝盗られた男はどうあるべきか、正しい郵便屋さんはどうあるべきか、正しいヒモはどうあるべきか、正しい元革命家はどうあるべきか、正しい元機動隊員はどうあるべきかと同じように、正しい在日朝鮮人はどうあるべきかということを、あのとき僕に、マゾヒスティックに、実はサディスティックに、演じて見せたのだと思う。

肉体のなかで血を流し、葛藤しながら生きている台詞

つかこうへいの捨て身の言葉の数々に魅せられた僕は、15年間、角川書店でしか原稿を書かず、本も出版しないという独占契約をつかこうへいと結んだ。契約書に判を押したつかこうへいもつかこうへいだが、判を押させた僕も僕だった。しかしそれにより、僕はつかこうへいの作家としての先行きに責任を持たざるを得なくなり、そのプレッシャーに耐えざるを得なくなった。僕の所属する「野性時代」につかこうへいが小説を書けば、「野性時代」の

売り上げは跳ね上がったが、契約締結の7年後、小説『蒲田行進曲』で直木賞を受賞して、やっと僕はその重圧から解放された。つかこうへいとの長い付き合いのなかで、私生活までよじれ合うようにして生き、何度も絶交し、何度も復活したが、死の直前に入院していた病院に僕は一回も見舞いに行かなかった。つかこうへいにとって、重篤な病気で入院している患者を見舞いに来る正しい客とは、「あなたは不幸だねぇ。自分は死へと至る病に冒されなくてよかった」ということを確認しに来る人にほかならないからである。彼の死がニュースになったとき、多くのメディアが僕にコメントを求めてきたが、そのすべてを断った。ただ一つだけ、朝日新聞に信用している記者がいたので、その記者の強い要請を断り切れず、見舞いに行かなかった理由をつかこうへいの文学の構造に則して語ったのだが、僕のコメントの意をまったく理解していない追悼コメントになってしまっていて、強く後悔したものだ。

つかこうへいと過ごした時間は、今も僕の身体のなかに歴然として脈打っている。つかこうへいの言葉が僕の言葉となり、偽悪的な本音となって、不意に絞り出されてくる。つかこうへいの台詞は、僕の肉体のなかで血を流し、葛藤しながら生きているのだ。

毎年僕がスポンサーになって、横内謙介率いる劇団扉座と公演をしている、全盛期のつかこうへいの芝居を再現しようとする舞台がある。その舞台のパンフレットに書いた僕の文章を再録する。

3月3日の昨夜、「つか版・忠臣蔵　スカイツリー篇」の再演が楽日を迎えました。今回は3回観劇し、打ち上げにも同席させてもらいました。どんなに親しくなっても打ち上げには出ないと、編集者人生が始まってから決めてきたのですが、今回ばかりは体が自然に打ち上げの会場に向かっていました。40年の禁を破ったわけです。

もちろん、つかこうへい事務所の連中とは僕の20代中盤から30代の前半まで、毎晩のように飲み歩いていた時期がありました。つかこうへいとは、よじれ合うように過ごした青春と中年の日々が長々とあったのですが、公演楽日の打ち上げに参加することだけは遠慮してきました。楽日の想いを分かち合えるのは、劇団員だけだと思ってきたからです。

今回の楽日の舞台は、また格別に感動的でした。フィナーレを迎えた後、一人が立ち上がり、二人三人と続き、観客全員がスタンディングオベーションでこの舞台を称えるという、劇的な幕切れになりました。いつまでもいつまでも、この瞬間が続いて欲しい。そんな想いで足は自然に打ち上げ会場に向かっていました。

62歳にして、こんなに満たされる一日がやって来るとは人生っていいなあと、しみじみ思います。

横内謙介もその一人だったと思いますが、つかこうへいの芝居に影響されて演劇を始めたという人は多かったと思います。しかし、つかこうへいを目指せば目指すほど、彼らの舞台はつかこうへいのエピゴーネンになっていったはずです。25年以上前に、横内謙介の「夜曲～放火魔ツトムの優しい夜～」を紀伊國屋ホールで観た時は、第二のつかこうへいが初めて出現したと衝撃を受けましたが、つかこうへいの上を行くというレベルではなかったように思います。

今でも「夜曲～放火魔ツトムの優しい夜～」は、僕の観た芝居のベストテンに文句なく入りますが、つかこうへいの、VAN99ホールでの「熱海殺人事件」「ストリッパー物語」、紀伊國屋ホール初演時の「蒲田行進曲」を超えるとまではいかなかった。と言っても、つかこうへいだって物凄かったのはこの三作で、次点で挙げれば、VAN99ホールの「松ヶ浦ゴドー戒」「初級革命講座　飛龍伝」ぐらいでしょう。

「ストリッパー物語～火の鳥の伝説～」というなぜか紀伊國屋ホールの一公演だけで封印してしまった隠れた名作もありますが…。

横内謙介の「つか版・忠臣蔵」がとんでもない傑作になり得たのは、つかこうへいを目指すのではなく、つかこうへいならばどうするか、という前提に立って、その縛りと制約の中で作品を創り上げていったことに、あると思います。

つかこうへいの芝居（主に「熱海殺人事件」）の名台詞、名場面、挿入歌をちりばめて、つかこうへいの作品とは全く違う一本のオリジナルな作品にするという困難を自らに課したことによって、言い回しも、間も、動きも、つかこうへいでありながら、逆に横内謙介しか出来ない空間を創り上げるという危険な大技がものの見事に決まったのです。「目指す」のではなく、対象に「同化する」こと、それこそが才能ある者に限っては革命に繋がるということを横内謙介はこの作品で証明してみせたのです。

俳句が、5・7・5という制約があったが故に世界に類を見ない余韻を残す豊穣な表現として定着したように、つかこうへいへのオマージュ、トリビュート舞台に仕上げなければならないという縛りと制約、何よりもそれによってもたらされる快楽が、横内謙介の内面と奇跡の化学反応を引き起こし、つかこうへいの上記の三作を超えたと僕には思える、大傑作を生み出したのです。

縛りや制約と格闘すればするほど、その葛藤と懊悩の深さは、黄金の果実を実らせるはずです。

横内謙介がつかこうへいになった時、おのずとつかこうへいを超えて、新しくオリジナルな横内謙介に変貌したのです。

今回の再演のパンフレットに短い文章を求められて、僕は次のように書きました。

「こんなに早く再演になるとは思っていませんでした。つか芝居の創成期からずっと観てきた僕にとって、これほどつかこうへいのエキスが詰まった芝居はなく、横内芝居の創成期から観てきた僕にとって、これほど横内謙介の才能に脱帽したものもありません。つまり、横内謙介はつかこうへいの心と顔かたちを借りて、この世あらざる横内謙介になるという大技を、開場間もないスカイツリーの真下のマット（舞台）で決めたのです。これを演劇界の歴史的快挙と言わずして何と言えばいいのでしょうか？」

この歴史的快挙を一人でも多くの人に観て欲しい。山本亨、岡森諦、高橋麻理、武田義晴、犬飼淳治をはじめとして、すべての役者にクライマックスと感動があり、一人一人の言葉と肉体が縒り合わさって、この世あらざる極上のエンターテインメントとして出現した奇跡の舞台を、もう一度どこかの劇場で、自分も観たい。役者の誰が抜けても成立しなかったこの楽日の興奮と官能を胸に刻んで、ひとつのある覚悟を決めたいと思います。

それがつかこうへいへの何よりの供養になると信じています。

――２０１４年「つか版・忠臣蔵」パンフレットより再録

僕が最初につかこうへいの舞台を観たのは、１９７５年位のVAN99ホールの「ストリッパー物語」だったような気がする。その前に「郵便屋さんちょっと」を上演しているはずだが、その時は、僕はつかこうへいを知らなかった。角川書店に入って僕が配属された文芸誌『野性時代』編集部の近くにあったホテルグランドパレスのバーで初めて面会し、すぐに意気投合した。僕は25歳、つかこうへいは27歳だった。

それから僕はつか芝居に夢中になり、毎日稽古に顔を出し、本公演になると、これも毎日通い詰めた。「熱海殺人事件」、「松ヶ浦ゴドー戒」、「戦争で死ねなかったお父さんのために」、「初級革命講座　飛龍伝」、「広島に原爆を落とす日」、「寝盗られ宗介」、「蒲田行進曲」など、担当編集者というよりも追っかけファンとして各芝居の台詞まで暗唱出来るようになったが、「郵便屋さんちょっと」だけは、なぜかつかこうへいが封印してしまい、舞台を観ることは出来なかった。

僕がつかこうへいの舞台に熱狂し、新宿紀伊國屋ホールに通い詰めている時を同じくして、高校生だった横内謙介もまた、紀伊國屋ホールに厚木から通い詰めていたのだったと後から聞いた。つかこうへいと、劇団「善人会議」（後の扉座）を創設した横内謙介を初めて引き合わせたのも僕だった。横内謙介が、名作「夜曲―放火魔ツトムの優しい夜―」を引っ提げて、紀伊國屋ホールに進出を果たした時、僕は、「他人の芝居は観ない」と言って嫌がるつかこうへいを無理やり引っ張り出し、幕が下りた後、つかこうへいが「横内謙介は身体が弱いのか？」とぽつりと呟いたのを覚えている。

その横内謙介が、幻冬舎Presents「つか版・忠臣蔵」の次の作品として、「郵便屋さんちょっと」を演るという。「つか版・忠臣蔵」があまりにも素晴らしかったので、僕は、三たび「つか版・忠臣蔵」をと思っていたのだが、横内謙介の決意は固かった。ならば、ままよ。つかこうへいの演出、セリフ、間合い、音楽など、全てを再現しながら、つかこうへいを突き抜けたオリジナルに挑むという横内謙介の大技に、胸が高鳴る。

「つか版・忠臣蔵」と同じように、僕を歓喜のるつぼに引きずり込んでくれ。そして僕にスタンディング・オベーションをまたさせてくれ。頼むぜ、横内謙介！

——2016年「郵便屋さんちょっと」パンフレットより再録

さて、ここまで読書について、そこから獲得する言葉について、そしてその言葉を駆使する思考について書いてきた。何度でも書くが、正確な言葉がなければ、深い思考はできない。深い思考がなければ、人生は動かない。

自己検証する。自己否定する。それを、繰り返し、繰り返し、自己嫌悪との葛藤の末に自分の言葉を獲得する。その言葉で、思考して、思考して、思考し切る。その格闘の果てに、最後の最後、自己肯定して救いのない世界から立ち上がる。認識者から実践者になる。暗闇のなかでジャンプする。人生を切り開く。

読書はそのための最も有効な武器だ。

本書は幻冬舎の編集者であり、NewsPicks Book編集長を務める箕輪厚介の強引な要請によってスタートした。自社で出すことへの躊躇いもあったが、僕の本の担当編集者として箕輪以上の存在は考えられなかったので、新著を初めて幻冬舎から出す決断をした。

取材・構成・文章化に当たってはNewsPicks編集部の野村高文、長山清子の献身的な援助を得た。ゲラ作業については幻冬舎の編集局・山口奈緒子のアシストがあった。制作進行は幻冬舎出版局・本間義史、校閲を担当してくれたのは幻冬舎の池田明子である。素敵な装幀にしていただいたトサカデザインの戸倉巌氏、小酒保子氏、カメラマンの村山良氏、そのほか全員の『読書という荒野』製作チームに心からの感謝を捧げます。

そして、本書の最後に、僕を支えてくれている秘書・鈴木愛弓と齊藤麻実に熱い連帯の挨拶を送りたいと思います。

それでは、死が僕を永遠の安息に還すまで。

２０１８年５月10日　見城徹

文庫版のためのあとがき

２０２０年12月29日に僕は70歳、つまり古稀を迎える。

70歳でいるうちに、実現したいことが二つあった。

一つは幻冬舎グループの大きな資本の組み換え、もう一つはボクシングのリングに立つことだった。

前者は２０１９年12月３日にすべての手続きが完了し、ボクシングのトレーニングは２０１９年７月から開始した。

大学時代、元・世界ライトヘビー級チャンピオン、ホセ・トーレスの『カシアス・クレイ』を読んで以来、僕はずっとボクシングに魅せられ続けていた（Ｐ75〜参照）。高校時代に石原慎太郎の『太陽の季節』を読んで異様な衝撃を受けたのも、主人公の竜哉が高校のボクシング部であったことが関係していると思う。

石原慎太郎が言うところの［社会的現実］に［個人的現実］がクラッシュする瞬間を『太陽の季節』は見事に描き切っていた。後から考えると、それこそがボクシングそのものなのだ。

１９７４年10月30日、アフリカのザイール共和国の首都キンシャサで行われたプロボクシング世界ヘビー級タイトルマッチ。王者ジョージ・フォアマンと挑戦者モハメド・アリ（旧名カシアス・クレイ）戦をテレビで観てからはボクシングへの想いに拍車がかかった。試合は第8Rまでサンドバッグのようにフォアマンに打たれ続けたモハメド・アリが8R残り16秒で奇跡の逆転KO勝ちを収めるという劇的な幕切れとなる。

ベトナム戦争への徴兵拒否が原因で王座を剥奪され、3年7ヶ月のブランクを余儀なくされた下り坂の32歳のモハメド・アリと40戦無敗（37KO）［象をも倒す］と言われたヘビー級史上最強パンチャー、25歳のジョージ・フォアマンとの戦いはボクシングが高度な精神的スポーツであることを如実に証明していた。生きるとは恐怖と不安を克服する戦いなのだ。だから、ボクシングの試合は人生そのものと言っていい。

アーネスト・ヘミングウェイ、ノーマン・メイラー、ジョイス・キャロル・オーツを筆頭にボクシングについて書く作家は多い。日本でも寺山修司、沢木耕太郎を始め多くの作家がボクシングとボクサーを描いている。『カシアス・クレイ』を読んだ時の感動を実践に移さなければ死ぬ時に後悔が残る。50年近くの時を経て、僕はボクシングに取り組むことを決めたのだ。ボクシングのリングに上がって戦うこと。読書から行き着いた荒野。この文庫本のカバーをボクシングの写真にしたのはそういう訳がある。

■参考文献

沢木耕太郎『深夜特急1　香港・マカオ』新潮文庫　1994年
沢木耕太郎『深夜特急5　トルコ・ギリシャ・地中海』新潮文庫　1994年
沢木耕太郎『深夜特急6　南ヨーロッパ・ロンドン』新潮文庫　1994年
吉本隆明『吉本隆明詩全集5　定本詩集』の「転位のための十篇」思潮社　2006年
奥浩平『青春の墓標』文藝春秋新社　1965年
ヘミングウェイ『ヘミングウェイ全集1』の「勝者には何もやるな」三笠書房　1955年
石原慎太郎『太陽の季節』の「処刑の部屋」新潮文庫　1957年
石原慎太郎『男の世界』の「男の言い訳」集英社　1971年
山田詠美『ソウル・ミュージック・ラバーズ・オンリー』幻冬舎文庫　1997年
宮本輝『避暑地の猫』講談社文庫　1988年
アニー・エルノー『シンプルな情熱』早川書房　1993年
村上龍『限りなく透明に近いブルー』講談社文庫　2009年
見城徹『編集者という病い』集英社文庫　2009年
宮部みゆき『火車』新潮文庫　1998年
アンドレ・ジッド『地の糧・ひと様々』白水社　1936年
重信房子『ジャスミンを銃口に　重信房子歌集』幻冬舎　2005年
三島由紀夫『三島由紀夫全集第34巻』新潮社　1976年

この作品は二〇一八年六月小社より刊行されたものです。

幻冬舎文庫

●好評既刊
たった一人の熱狂
見城　徹

すべての新しい達成には初めに熱狂が、それも人知れない孤独な熱狂が必ずある。出版界の革命児・見城徹による、仕事に熱狂し圧倒的結果を出すための55の言葉を収録。増補完全版！

●好評既刊
異端者の快楽
見城　徹

作家やミュージシャンなど、あらゆる才能とスウィングしてきた著者の官能的人生論。「異端者」とは何か、年を取るということ、「個体」としてどう生きるかを改めて宣言した書き下ろしを収録。

●好評既刊
危険な二人
見城　徹
松浦勝人

出版界と音楽界の危険なヒットメーカーが仕事やセックス、人生について語り尽くした「過激な人生のススメ」。その場しのぎを憎んで、正面突破すれば、仕事も人生もうまくいく！

●最新刊
泣くな研修医
中山祐次郎

雨野隆治は25歳、研修医。初めての当直、初めての手術、初めてのお看取り。自分の無力さに打ちのめされながら、懸命に命と向き合う姿を、現役外科医が圧倒的なリアリティで描く感動のドラマ。

●最新刊
逃げるな新人外科医
泣くな研修医2
中山祐次郎

「俺、こんなに下手なのにメスを握っている。命を託されている」――重圧につぶされそうになりながら、ガムシャラに命と向き合う新人外科医の成長を、現役外科医がリアルに描くシリーズ第二弾。

幻冬舎文庫

●最新刊
虹色のチョーク
働く幸せを実現した町工場の奇跡
小松成美

社員の7割が知的障がい者のチョーク工場は業界トップシェアを誇るも、一方では、家族、経営者や同僚の苦悩と葛藤があった。〝日本でいちばん大切にしたい会社〟を描く感動ノンフィクション。

●最新刊
酒の渚
さだまさし

震災から再興したばかりの蔵から届いた〈灘一〉。山本直純さんが豪快にふるまった〈マグナム・レミー〉。永六輔さんの忘れられない誕生会……。名酒と粋人たちとの思い出を綴る、名エッセイ。

●最新刊
いま君に伝えたいお金の話
村上世彰

お金は汚いものじゃなく、人を幸せにする道具。好きなことをして生きる。困っている人を助けて社会を良くする。そのためにお金をどう稼いで使って増やしたらいい？　プロ中のプロが教えます。

●最新刊
すべての男は消耗品である。最終巻
村上　龍

34年間にわたって送られたエッセイの最終巻。現代日本への同調は一切ない。この「最終巻」は、澄んだ湖のように静謐である。だが、内部にはどう猛な生きものが生息している。

●最新刊
遺書　東京五輪への覚悟
森　喜朗

「東京五輪を成功に導けるなら、いくらでもこの身が犠牲になっていい」。再発したガンと闘いながら奮闘する元総理が目の当たりにした驚愕の真実。初めて明かされる政治家、森喜朗の明鏡止水。

読書という荒野

見城徹

令和2年4月1日　初版発行

発行人——石原正康
編集人——高部真人
発行所——株式会社幻冬舎
〒151-0051東京都渋谷区千駄ヶ谷4-9-7
電話　03（5411）6222（営業）
　　　03（5411）6211（編集）
　　振替00120-8-767643
印刷・製本—中央精版印刷株式会社
装丁者——高橋雅之

幻冬舎文庫

ISBN978-4-344-42962-8　C0195　け-5-4

幻冬舎ホームページアドレス　https://www.gentosha.co.jp/
この本に関するご意見・ご感想をメールでお寄せいただく場合は、
comment@gentosha.co.jpまで。